会读书

汪培珽 著

中国致公出版社

图书在版编目（CIP）数据

会读书 / 汪培珽著 . -- 北京 : 中国致公出版社，2021

ISBN 978-7-5145-1713-2

Ⅰ. ①会… Ⅱ. ①汪… Ⅲ. ①读书方法—家庭教育 Ⅳ. ① G792 ② G78

中国版本图书馆 CIP 数据核字 (2020) 第 203929 号

著作权合同登记 图字：01-2020-7257 号

会读书 / 汪培珽 著

出　　版	中国致公出版社 （北京市朝阳区八里庄西里 100 号住邦 2000 大厦 1 号楼西区 21 层）
发　　行	中国致公出版社（010-66121708）
策划编辑	李　娟
责任编辑	胡梦怡
特约编辑	刘　柳
装帧设计	马顾本
印　　刷	三河市中晟雅豪印务有限公司
版　　次	2021 年 1 月第 1 版
印　　次	2021 年 1 月第 1 次印刷
开　　本	880 毫米 ×1230 毫米　1/32
印　　张	8.75
字　　数	280 千字
书　　号	ISBN 978-7-5145-1713-2
定　　价	48.00 元

献给

我的宝贝 HC

不管你最后走的是哪一条路

我永远爱你，也永远支持你

会读书

教室

中国贵州省。某个偏远的山区，离北京有四千里路。这个借用远古山洞而建的学校，建立于 1984 年，目前有 150 个学生。它是艰困中仍不放弃求知的孩子的一线希望。其中有些孩子，每天必须花上三小时翻山越岭，才到得了这里上课。不要随便下评论——感觉，有时候是比较出来的——因为还有不知道多少孩子，连坐进这个教室的机会都没有。

序

功课好比较轻松

那天我开车送十四岁的弟弟上学，当他嘴里吐出“功课好，比较轻松”这句话时，我马上就懂了。

他从小花在功课读书上的时间，不多，但是他的成绩一向没问题。

升上中学后，读书不能不花时间了，但是他不愿意，所以成绩往下掉。

他不喜欢往下掉的成绩，但还是不愿意多花时间在功课上。

“弟弟，你不是没有读书的头脑，多花时间，成绩就没问题。”我说。

“我知道。”他说。

“那你为什么不？”我说。

“我不想。”他说。

“那你什么时候要开始用功？”我说。

“等我想的时候。”他说。

他成绩不好吗？没有，只是不够尽力。

于是每次成绩单发下来时，同样的“对话”，我们母子俩又会重复一遍。

渐渐地，他会说：“我有用功了。但是还不够。”

渐渐地，他会说：“我有用功了。我有多花时间了。”

这学期的成绩单还没发下来，他就知道，这次的成绩他比较满意。

他先随口跟妈妈报告自己估计的成绩，妈妈也替他高兴。

几分钟静默后，他自言自语地说：“功课好，比较轻松。”

我说：“因为你也希望功课好。之前不肯花时间读，玩起来也无法放轻松；现在成绩好了，玩起来也心安理得。你是这个意思，对吗？”

“可能是。”他说。

他的感觉，可能不代表全部学生的感觉，但值得参考。

我从小就是一个功课好会读书的孩子，但我不记得我感到过辛苦。

我弟从小就是一个不花时间读书功课不好的孩子，但我却从没感觉他轻松过。

进入社会工作后，我总是认真努力上进负责，这么做只会带给我幸福满足的感觉。

我也从来不认为，工作时浑水摸鱼会轻松。

最可怕的工作，应该就是“无事可做”的工作吧。人生也一样。

很多年前，有一次带着姐姐弟弟坐飞机出国旅行。

他们是幸福的孩子，童年里都是玩乐。

我随意翻看飞机椅背口袋里的杂志，那种可有可无的杂志，有张照片好像是从飞机窗外飞进来似的，当场“吓”着了我。

顾不得其他，我毫不犹豫地撕下它，马上传给三个座位外的姐姐看。那时姐姐可能才上初中。

然后示意姐姐也拿给弟弟看一眼。

我知道照片里是一个很多孩子无法想象的世界。

我就是想毫不隐瞒地告诉我最爱的两个人：

有机会读书，就是一件幸福的事。

当时，我不知道我可以完成这本书。

更不知道有一天我会买下这张照片的版权，做成这本书的书封。

一切都好像做梦般不切实际。

但是做梦之后，接着就是要努力。不然，梦永远不可能实现。

“会读书”当书名，我只是取其简单好记易明白。

我可以不会读书，但我不能不上进。

不上进，只会剥夺我人生原本就有的快乐。

汪培珽

前　言

这里说的“会读书”是一种广义的说法。

如果你看这本书只是想知道让孩子成绩好、分数高、考进一流学府的方法，那么恐怕这本书会浪费你的时间了。

这里只有心法，没有方法。

方法一定要自己花时间去摸索，才能找出最适合自己和孩子的。

整本书谈到了父母从容面对孩子小学阶段的三十个观念，或许你还可以想出第三十一、三十二、三十三个来。在我家姐姐弟弟还没进小学一年级前，这些概念就已经在我的脑海里成形了。不要问我为什么能事先知道这些事，也许是我上辈子犯了所有父母会犯的错，投胎时脑袋又没清空，所以我天生就知道哪些错误不能再犯。

当我的小孩刚进小学时，我更开设了“父母从容面对孩子小学一年级的 ×× 个秘密”这样的课程，提供给需要的父母参考。当时我的孩子什么“成就”都没有，我却敢开课“教”别人；也就是说，这个人根本没上过战场，却要告诉别人怎么打仗，听她的话，不是找死吗？

因为我相信——虽然我完全看不到未来——只要我带孩子走的是正确的路，就不要管旁人说什么，勇往直前就对了。最后，未来真的在我眼前一点一点地出现了，它们与我想象的几乎没有差距（好险）。

你不相信也得相信，姐姐弟弟如今已经十几岁了，有关学校的事，我根本没花什么力气在上面。因为孩子需要从父母身上看到的是“方向”，而不是方法。当父母的观念是正确的，方向就会是正确的。至于方法，不管是大人想升官发财，还是小孩想用功读书，都一样，每个人都必须一边过日子一边慢慢摸索出自己的方法来。别以为我没有摸索，我到现在还在摸索，因为小孩又不是雕像，每天都在长大呢。

从一开始，我就相信，我的孩子不可能是“不会读书”的孩子。再次强调，“会读书”是广义的说法，它跟“好学、肯上进”比较接近。现代社会，人只有狭义的“会读书”，是绝对不够的。可是，在这里，我想先只谈：父母如何从容面对孩子学业的一些观念。

辑一 从容面对孩子学业的30个观念

目 录 CONTENTS

辑二　我想写信寄给你

辑三

你问我答

辑一
从容面对孩子学业的
30 个观念

希望孩子上台大、进哈佛吗?

“你猜，我希望我的孩子上台大、进哈佛吗?”每次演讲抛出这个问题时，大家都会愣上好几秒，那种想回答又不敢回答、观望犹豫的气氛，好特别。好像承认自己希望孩子功成名就，是一件不可告人的事似的。

请问：哪家父母不希望自己的孩子是属于“会读书”的?

当你听到有父母说“我不在乎孩子的成绩如何”（我打死也不会这么说），你可以看看，大部分这样的父母不是孩子已经很有成就了，就是孩子已经排进了不会读书的行列了。后者为了给自己和孩子找台阶下，只好退而求其次地说“不会读书没关系，人不要变坏就好”。对了，还有一种情况可能是，父母自己的成长岁月被“成绩”二字压得惨不忍睹，所以不想让孩子重蹈覆辙。

当孩子呱呱坠地时，如果老天爷当场给你一个选择，要你在“会读书”和“不会读书”中，帮你那刚出生的孩子选一个，加到他的人生里，而且你一选择，老天爷马上照办，不能反悔。请问：有会帮孩子选“不会读书”的人吗？请举手。

年过四十，我才突然领悟到一个老天爷的计划：即使全世界的父母都希望自己的孩子有读书的天分，但是，不管大家怎么努力，会读书和不会读书这两种人的人数总是平分秋色。为什么会这样？大家都认为“会读书”很重要，为什么还会有一半以上的人不会读书呢。哎呀，这是老天爷计划好的嘛，因为这样，不同的工作才有不同的人来做啊。你可以想象，如果整个台湾省都是台大毕业生，那么晚上唱着《少女的祈祷》的垃圾车，谁要来开呢？

不过，老天爷的计划里有一个“漏洞”：那就是他没事先规定好，这两半里是哪些人。也就是说，你要落入哪一半，是由你自己决定的。

于是，父母们都虎视眈眈地想将孩子“挤进”自己期待的那一半里。但是，在你帮孩子帮得头昏脑涨之际，也请认清另一件事：

会读书和不会读书的人里面，也都有快乐和不快乐的人。

会读书和不会读书的人里面，也都有跟父母感情好和不好的人。

会读书和不会读书的人里面，也都有工作顺利和不顺利的人。

会读书和不会读书的人里面，也都有家庭美满和不美满的人。

会读书和不会读书的人里面，也都有人缘好和不好的人……

所以，“如何让会读书的孩子有正向的人生”，或是“让不会读书的孩子也有快乐、踏实、豁达的人生”，才是做父母的要真正关心的事，对吗？

读书需要天分吗？需要。尤其是上台大进哈佛之类的，更需要。因为各个领域里的佼佼者，靠的都不光是努力，还有天分。不过别误会，我要谈的不是上台大、进哈佛，是“会读书、肯上进”，所以千万别告诉我你的孩子没读书的天分。

父母对孩子的期望很多，他们可否达到这些期望，没人能事先知道。但是我老早就对一件事很笃定了——

读书要靠自己努力，别人是帮不了忙的。

在这个前提下，决定了我对孩子教育的方向。

姐姐，六乘九是多少

如今姐姐已经初中三年级了，我也写了十本亲子书，但里面好像都没提到她的成绩如何，对吗？

我口口声声说读书很重要，也会不时跟孩子提醒用功读书的重要性，但是对于孩子这么多年来的成绩，我只有“大约印象”。什么叫大约印象？你有没有相亲过？当相亲结束后有人问你对方如何时，你会说：“嗯，外表还顺眼，谈吐还可以，嗯……大致上没什么差错。”

对，我对姐姐成绩的印象就是“还顺眼，还可以，大致上没什么差错”。至于细节，一概不清楚。

姐姐小学低年级，可能也拿过品学兼优吧。小学中高年级，成绩也有中等水平吧。不过如果我说她到小学毕业前还不会背九九表，两位数加减的心算能力还不太好，也就是说，一个十几岁的孩子，六乘九不知道是多少、十三减五还会减错，你可能就无法认同我说的“中等水平”了。

进入初中后，她的功课也不见进步，有些科目不错，但有些却会掉到中下水平。尤其是数学，不跟别人比，跟她自己比，也是最不好的一项。每隔三个月，当成绩单发下来的时候，我都会跟她“说道理”，声声切切地提醒她：

“读书不能临时抱佛脚，这学期的没学好，就会影响到下学期的吸收，基础课程没学好，等到你哪一天想发愤图强时，不是想追就一定追得上的。”

这个“要用功读书”的道理，我是从孩子小六之后，才开始慢慢灌输。我一直认为：小学成绩维持中间水平即可，初中再开始拼升学，还来得及。

问题是，孩子自己要知道开始拼哪。

初一，她没有开始拼，虽然她很想，但是做不到。

初二，她“发誓”要开始拼了，但是“外务”太多，成绩还是不见起色。

我不是也希望她上台大进哈佛吗？难道我不紧张吗？对，我就是不紧张。

因为我跟孩子说得很明白——

“你现在不努力，将来后果，没人会帮你承担。”她对未来是有理想和目标的，她想写小说、写剧本、进一流大学，这些，都需要以“现在的努力”作为基础。

“你现在不用功读书，却花大把的时间在交朋友、爱漂亮、上网闲聊闲逛……很可惜。

“我不逼你读书，但是我会限制你出去玩和使用计算机的时间，这也是我唯一能够帮你的地方。每天当你坐在教室里听课、坐在书桌前做功课时，你要不要用心努力地去吸收知识，父母是没办法帮忙的。如果你上课不专心、做功课马马虎虎，那是你的选择，不过将来你可要承担自己‘少小不努力’的苦果。”

我从来不会跟小孩说，“不读书将来没出息”“不读书让人瞧不起”“不读书你会后悔一辈子”的话。我会跟孩子说，当小孩还可以在父母的羽翼下无忧无虑地过日子的时候，“用功读书、不浪费光阴”就是小孩的责任啊。

除了对孩子“说道理”外，我不会再用其他手段来逼迫孩子读书。大部分的孩子都有读书的资质，差别只在孩子何时可以想透这件事，然后发愤图强。

通常，只要自己肯发愤图强，书不会读不好的。

“这学期成绩不达自己该有的水平，下学期就拖出去枪毙。”你看有哪个小孩敢不用功？这样说太夸张，但是当一个人了解到“自己面临了生死关头”，而铆足劲儿全力下去拼时，焉有不成功的道理。

“将成绩维持在自己该有的水平”，真的是人生里最容易的事情了。很多所谓不会读书的孩子，都是成长环境没配合好的结果。比起人生未来可能会遇上的困境，“用功读书”真的是最单纯、最容易的一件事了。

可是孩子不懂，或是太晚才明白这个道理。不过有时候虽然“太晚”，但还是有“起死回生”的空间的，但前提是——

孩子，你自己要肯发愤图强啊！

这里让我打岔说个故事。我弟弟小我一岁而已。从小我和他就是处在“会读书”和“不会读书”的两个极端上。虽然父母从头到尾都没放弃过他，但他还是不读书、搞叛逆。直到当完兵开始工作了，他的第一份工作是计算器业务员，是卖给文具行的个人用小计算器。他每天骑着机车在大台北的各个文具行里穿梭推销计算器……那个当下我刚好从美国读完硕士回中国，我跟他说“考好托福，出国读书”也是一条路。

前面有路，也要看你肯不肯走啊！

“我要卖计算器一辈子吗？我还能做什么呢？”其实当兵前，他已经发愤过，拿到了二专文凭。但是这个文凭还是不够，于是他照我说的，开始发愤图强。

父母说破了嘴都没用，一定要你自己肯拼才行。

他开始每天天没亮就起床，然后直接到图书馆排队，读到图书馆关门才回家。一日复一日，考到该考的成绩，申请到了美国的大学，出国读书了。

你以为这时候他发愤图强就可以结束了吗？不，这只是开始。像我们这种母语不是英文的人，到美国读大学比读研究所困难多了。因为大学课程里有很多通识教育，历史、地理、文学、艺术都要学，他又拼了足足五年，直到拿到硕士学历才回中国。后来呢？没意外地，有读书和没读书，前途天差地别。当然你可以说当初没继续读书后来也可能有出息，但是，你要拿人生赌赌看吗？

好了，回到姐姐。初三的姐姐，成绩还是不见起色，我知道她很想要成绩进步，但就是无法如愿，因为她开始发愤图强用功了吗？没有。

有时候，“心里想用功”和“真的去用功”之间的差距，是很难拉在一起的。而且随着年级的增长，功课的难度也愈来愈高，已经不好的成绩，有时还会有退步的迹象。我知道她心里真的着急了……

不知道是我对孩子的信心发挥了作用，还是因为孩子成熟了、知道了读书的窍门。今年的上学期，她的成绩突然进步到中、上水平，连一向不好的数学也大幅进步。她自己当然很高兴。做妈妈的我呢？我还是一贯的态度，“你成绩不好，我不会比你难过；所以你成绩好，我也不会比你高兴。”

因为好好读书是你的事，不是我的事。

若你问我，她将来能否功成名就？

“将来的事，现在也说不准。”

“会读书、成绩好”是我对孩子的期望，但我花的最大力气，却是在“等待”这件事情上。最近这三年姐姐的成绩起起伏伏，但我心里却连一点点灰心都没有，同样对她抱持高度的期望，因为我打心底认为她做得到。真好，终于让我等到她成绩进步了。

我老早就知道有这么一天。即使没有呢？也没关系，因为我看得很清楚，从头到尾，她都在对自己负责，从来也没想将责任丢给父母，这样就好了。

弟弟，祝你功课不好

老大我都不管了，弟弟更是“放牛吃草”。我对孩子没什么差别待遇，用在姐姐身上的方式，也如法炮制地给了弟弟。姐姐小时候还偶尔会来问我功课，可能是每次姐姐来问妈妈功课时，下场都不太好，所以弟弟得出了“生存之道”——非到必要关头，千万不要去问妈妈功课。

因此，弟弟已经初一了，几乎从没拿功课来问过我。有一回，当时弟弟大概小六，爸爸突然关心起孩子，问妈妈：“我为什么从来没有看见弟弟做功课？”

没错，妈妈也几乎没看过。因为弟弟会用最快的速度将功课“拼”完，然后剩下的时间就可以无忧无虑地玩耍了。我从来不会因为孩子做功课的效率高，就再给孩子更多功课。那准备考试呢？我也从没看过弟弟准备过考试。也就是说，十年来，我对他坐在桌前“用功读书”这件事，毫无印象。

爸爸会有此一问，一定是突然发觉孩子大了，怎么都还没在读书呢？于是我只回了一句，就堵住了他的嘴：“他的成绩好得很，申请奖学金都没问题。”真的，弟弟的成绩一直都很好，老师的评语也都“无可挑剔”。所以弟弟一向对成绩“很放心”。姐姐还曾经很嫉妒弟弟的“天资”呢。

结果今年上了初中，第一次大考成绩一发回来，弟弟的脸都绿了。我跟姐姐说过“为什么要用功读书”的道理，跟弟弟只说过二分之一的“分量”，因为说姐姐的时候弟弟也“旁听”到了。然后呢？弟弟看到不漂亮的成绩，自己得出了这样的结论：“现在不像从前，现在要开始读书，不读书不行了。”功课变难了，光靠上课专心听讲，已经不够。我接着他的话，适时地补充了另一个道理：

聪明没有用，努力才有用。

任何事情只要花时间练习，都会愈来愈好。

唉，不过知易行难啊！我冷眼旁观，弟弟虽然领悟到了用功的必要性，但并没有开始用功，或许他有，但是不够。这星期又要发第二次大考的成绩单了。国际学校的成绩单是一段时间的总和，不是单一成绩的分数。当我听到他平时作业和小考的成绩，就知道这次恐怕又是“凶多吉少”了。他紧张得经常上网查看成绩出来了没。

“还没有。好奇怪，有同学都已经看到了。”我听到他在房里喃喃自语。做妈妈的我，非但不紧张，此刻脑海中竟然蹿出了六个很不该出现的字眼：祝你成绩不好。

我当然要祝他成绩不好啰，如果不努力就可以拿到好成绩，这种成绩也无法持续很久的。如果这次又让你“得逞”，你要到何时才会真正觉悟呢。我不是说了吗？聪明没有用，努力才有用。如果你努力了成绩还是不好，没关系，一个人只要有努力的精神，他这辈子就什么也不需要怕了。

比分数还有用的东西

“我明天不去上学了。我以后当警卫就好。”弟弟为自己的未来下结论。

他想了想，马上又改变主意了，“那当军人可不可以？”

“军人也分有没有读书的。”妈妈说，“没读书的，在第一排，先去送死。”

弟弟的表情有些惊讶，心想我的计划怎么老是有漏洞？

“为什么没读书的就要在第一排？”妈妈帮孩子问。

姐姐抢着说：“不然飞机要怎么飞？炮弹要怎么发射？你不读书，你会算吗？你如果不会算，又把你排在后面帮忙算，那国家不早亡了。”

“那——”弟弟一秒也不耽误地说，“我不要当军人，我还是去上学好了。”小孩也是非常务实的。

这一年，弟弟十岁。

今年，弟弟已经十三岁了，对于上学这件事，并没增加多少好感。据我观察，这跟个性有关，他不像姐姐个性外向，姐姐是能不回家最好可以待在外面玩一辈子，学校的同学和活动对她来说就是一种吸引力，而弟弟是那种“即使外面好玩也会主动想回家”的个性。

香港十月的万圣节，学校连续放假十六天。西方孩子每年上课天数比我们少，每天上课时数比我们少，结果人家也并没有比我们差。很多时候，方法、方向要对，这比什么都重要。

其实学校八周前，才放了两个月的暑假。西方人的观念里，每上学两个月，就要放个长假休息一下，休息好的身心，才愿意吸收更多新的东西。万圣节的尾声，弟弟又表示“不想上学了”。留在家里多舒服，谁想上学呢，爸爸妈妈也不想上班啊。

假期结束倒数前两天，弟弟突然发烧。他身体很好，几乎不感冒，即使感冒也不用看医生，两三天就能痊愈。

“弟弟，你还在发烧。”我说。第二天弟弟的体温还是上上下下，“这个样子你明天怎么上学？”

“我再看看。”他似乎很为难。生病刚好可以不用上学，他不是该高兴吗？妈妈帮你请假就好，你为难什么呢？白天量了几次体温，虽然没有第一天那样三十九摄氏度以上，但还是超过三十八摄氏度。

晚上睡觉前，我说：“弟弟，如果发烧，是不可以上学的，传染给别人很不礼貌。你还是在家里休息吧。”

“我觉得好多了。明天早上再看看。”他说。自己身体自己最知道。我说好。

弟弟除了比较恋家以外，跟姐姐比起来，他也比较喜欢睡觉。姐姐很小的时候，除非是躺在床上，否则不太容易随躺随睡的。但弟弟却是在什么“恶劣”的情况下都能睡，所以每天早上叫他起床上学，他都是一副“好喜欢睡觉”的可爱模样。

隔天早上，准时七点半我走到弟弟床边，他睡得好熟，我好舍不得叫醒他，况且孩子还在生病呢。但我们说好了，于是我轻轻推他：“弟弟，你今天要上学吗？”

“嗯。”他以比平常还快的速度回答了我。

我摸摸他的额头，问：“你没发烧了，但你有力气上学吗？”然后他什么也没说，就一下跳下床，冲进浴室刷牙洗脸去了。

他是一个不喜欢上学的孩子，他是一个喜欢睡觉的孩子，他生病才刚好，而且父母也没给他一定要去上学的压力……可是他仍决定：我今天要去上学。

“会读书”的第一个要件，不是聪明，而是自制力。

老实说，一个孩子具备了这样的自制力，即使他是一个没读书天分的人，也不重要了。当孩子有这种等级的自制力时，父母还需要担心吗？

孩子的自制力，都是怎么来的呢？

自动自发

让我将时间倒回到九年前，姐姐上小学的前一天。

小学前的姐姐和弟弟，我极尽照顾和爱护之能事——每天轻声叫他们起床，帮他们穿衣服穿袜子是妈妈最喜欢做的事；心里难过有妈妈疼，想说话有妈妈听——王子公主也不比他们幸福。

可是，孩子进入义务教育的体系后，因为我认为读书是件要靠自己的事，所以连带地，“很多事情”孩子都要开始靠自己了。

培养孩子“自动自发”的精神，是教养里最重要的一件事。

姐姐上小学前，我特地为她买了一个闹钟，跟她说，每天早上要自己起床，然后再来叫妈妈。（还好她没质疑，妈妈为什么不自己起来。“因为是你要去上学，不是妈妈。”这样回答就可以蒙混过去了吧。）从此，她就开始听闹钟自己起床。后来她发现妈妈太难叫醒了，干脆自己先去吃早餐。我们家吃的是西式早餐，鲜奶配谷类燕麦片，这是没有难度的事情。

我永远也不会忘记，开学后不久，冬天来了，小小的姐姐，总是自己准备好了一切，才来叫妈妈起床陪她走路去学校——

“妈妈，起床了。”

“好想睡喔，你要不要也进来睡一下。”妈妈在耍赖，并拉开了大棉被欢迎她。这是拖延战术，至少可以让我再多睡三分钟。然后她每天真的会挤进来跟我一起睡，但却记得经常地抬头看墙上的时钟。

“妈——妈，你快点起床啦。不然——我要迟到了。”我总是从她声音的急迫性，来判断自己要不要马上跳出棉被冲进浴室。

姐姐有没有因为睡过头而迟到过？从来没有。

“你为什么迟到？”当老师问现在的学生，学生的回答常常是：“我妈妈睡过头了。”当事情都是妈妈的责任时，是要怎么培养孩子的责任感呢？

培养孩子自动自发的精神，是父母的终极目标。

“让小孩孤独地自己一个人吃早餐，好吗？”当然不好。这就是看教养书需要自己判断的地方了，因为我可能没机会告诉你，当时这样的情况只持续了一个月，我就突然发现妈妈不能再这么“无情”。之后当我听到姐姐的闹钟响，也听到她起床的声音，即使不用准备早餐，我也会到客厅陪伴孩子。“早餐不需要煎个蛋吗？”因为我可能也没机会告诉你，之前姐弟俩都过敏，所以十岁前几乎没吃过鸡蛋，后来过敏好了，早餐帮孩子煎个蛋，当然是必要的。

所以你千万别听了我的不起床经验后，得出这样的结论：父母不管小孩吃早餐，就叫放手。

或许，我的不起床，根本是故意的。

也或许，姐姐来叫妈妈起床，让她觉得自己长大了，好以自己为荣。这个以自己为荣的感受，就是孩子能够自动自发的最大来源。

我们应该将眼光放在自己真正相信的教养观上。你不相信或是怀疑的教养观，根本不需要理会。

“我女儿今年要小一了，她喜欢跟我撒娇，所以一定要她用闹钟自己起床吗？”这是一位爸爸的提问。哎呀，不用，不用。我家姐姐从小到大，都是自己听闹钟起床的，但弟弟呢？从小到大都是妈妈叫起床的。弟弟会因为起床是妈妈叫的，就培养不了自动自发的精神吗？也不会。日常生活里可以培养孩子的事情，太多了。父母根本不需要“逼着”小孩每一件事都要做到“模范”的地步。

培养孩子“自动自发”的精神，不是一蹴而就的。

主动发现孩子的优点，多鼓励，是第一步。

另外，请记住一点：

如果自己老是插手孩子的事，就会离这个目标愈来愈远。

功课的责任归属

小孩的功课，当然是小孩的事。

但是，为什么有这么多父母，经年累月地陪伴孩子做功课？还有更多认真的父母，下了班回家自己已经筋疲力尽了，还要帮小孩检查功课。

我不敢说这样做有错。但是我不会这样做。

从姐姐上小学的第一天到现在青少年，我不仅没陪她做过一天功课，也没检查过她的功课，一天也没有。

上学的是她，听老师交代功课的也是她，她比我更清楚她的功课，为什么我需要去检查？这是让我很不解的一件事。

“他们那么小，如果功课做错了、做不完整，怎么办？”

我知道，一定有一大票父母想问我这个问题。

学校不是有老师吗？孩子功课交上去再发下来，就知道自己哪里错了。错一次、错两次、错三次，他们就会从错误中学习到“不出错”的方法和观念。

有没有听过小学老师说：“请不要帮小孩订正作业。”

“每个人交上来的作业都是一百分，我怎么知道小孩哪里不懂、哪里要注意，或是自己的教法哪里需要修正，为什么有一大票的孩子都在这里出错，我一定要在这里多多加强。”我们也要给老师进步的空间吧。

而且，父母在家里挑出小孩的错误，跟小孩自己到学校与同侪比较后发现自己的错误，心里产生的反省，是不同的。你挑他的错误，是一对一地针对他一个人；老师帮大家订正，是针对全班的同学，因此小孩对父母产生的厌烦情绪，是不会发生在老师身上的。而且，放手让孩子“功课自己写，错误自己承担”，你不觉得，就是小孩以后进入社会“一切要靠自己力争上游”的事前演练吗。

我不检查孩子的功课，不代表我不关心。

“功课写好了吗？”我早就看到孩子写好作业、收好书包了。

“写好了。”

“很好，你好独立，让妈妈好放心。我有像你这么独立的孩子，真是我上辈子修来的福气。”（请在这时弯下腰亲孩子一下）我最爱跟孩子说好听的话和亲亲抱抱孩子了，现在就是机会。

关心孩子的功课，不见得你就得去检查他写的每一个字、帮他订正每一个错误。

“写作业有没有问题啊？有问题就叫妈妈。”这是我偶尔会对孩子说的话。

我不主动帮忙，但也不表示我完全不管孩子的功课。当孩子开口问我功课时，即使他们是在房间喊，我也会用跑百米的速度冲向他们，然后在书桌旁边立正站好，问：“有什么需要帮忙的呢？”我的态度总是毕恭毕敬的。

任何问题，只要小孩主动提出，我都会尽心尽力地帮忙。“这样会不会养成孩子依赖的习惯呢？”我只是口头上让孩子放心，不要紧的啦。

做好功课是小孩的责任，不是父母的。

“如果孩子做功课时，拖拖拉拉的呢？”

我不催，我只提醒。

姐姐刚进小一时，可能还不习惯，有时候玩着玩着就忘了功课这件事，有一次我可能提醒了几次，但还不见她有所“觉悟”，于是，我的家规马上多了一条：

“姐姐，每天晚上超过七点以后，不准做功课。”

什么？不准做功课？

“对，七点以后我们要准备洗澡刷牙上床念故事书了。”

如果功课还没做完怎么办呢？那是你的事。

“妈妈，那我可以第二天早点起床写吗？”很好，可以。

有一回朋友来家里做客，大人聊天聊得忘了时间，姐姐却跑来跟我说：“妈妈，几点钟了？我要快点去做功课了，时间快来不及了。”朋友当场被孩子口中吐出来的话吓了一大跳，这句话不是父母要对孩子说的吗？

后来到了香港，有一天，弟弟当时可能是小四吧，他拿着功课来问我，我尽力帮他，但看了半天却不知道老师的意思，就在

我喃喃自语说“我也不懂耶”时，他一把抢回功课，说：“这是我的功课，你不需要懂。”然后扬长而去。唉，我真是丢脸的妈妈，人生难得遇上孩子来问我功课，竟让孩子发现：与其让妈妈在那里想半天最后没答案，还不如自己来比较有效率。

后记

“如果是老师要求父母帮忙盯孩子的功课呢？”那就另当别论。通常老师开口了，就表示你的孩子需要特别注意，所以这时父母当然要花更多心思去了解，看孩子需要帮忙的地方在哪里。

昨天我去学校参加初一弟弟的亲师恳谈会，数学老师问我的第一句话是："Do you have any concern？（你有没有什么特别关心的事要问？）"我嗯嗯啊啊了半天，心里想的却不敢说，因为老师听了一定会翻白眼给我看——我想说的是："他只要肯多花点时间，成绩一定可以进步的。"至于他什么时候觉悟"要多花时间"，我会慢慢等。

自己吓自己

网络上曾流传过这类的文章，说教改之后，老师常常要小学生带很多课外教学需要的东西到学校，然后父母就叫苦连天，说什么下班到家很晚了，到哪里去找这些东西……

这种传闻我从来不听。而且我相信，大多数的老师，要学生准备什么，事先都会给充分的时间，传闻里那种“不合常理”的情况，发生在自己身上的概率少之又少。很多大人喜欢“看到风就是雨”地抱怨不停。又不是三十年前了，老师怕被家长“告”，怕都怕死了，哪可能随意这样“虐待”家长呢?

会不会根本就是孩子自己将事情拖到了最后一秒?我不相信老师敢这么“耍大牌”地去为难家长，那不是太自找麻烦了吗?

“妈妈，我明天要带白萝卜去学校。”那年姐姐小二。

“我们家没有。现在已经晚上八点钟了。下次早点说。”

这就是我曾使用过的因应之道。如果下楼买就有，那好。如果没有，那孩子你就好自为之吧。如果老师真的是临时说的呢？“跟老师说，我们家没有白萝卜。”你知道姐姐接着怎么说吗？“没关系，老师说没有就算了。”你看，如果今天我跑到八百里外去买了白萝卜回来，孩子才跟我说没有没关系，我是不是要昏倒了。但小孩常常就是跟父母“话只说一半”，而老师交代的事，却尊为“圣旨”。

很多父母紧盯着孩子不放手，却推说是现今教育制度有问题，其实，多半的问题，都是父母太紧张，自己吓自己而已。

孩子上小学前，父母自己先要建立起信心，然后对学校、老师，也要抱持正面乐观的看法。现在社会，人云亦云的事真是太多了，我的建议是最好不要听，不小心听到也要左耳进右耳出。

这一年姐姐才幼儿园大班，那是个全美语的学校。不管哪个学校，学生程度总是有高低差别，正巧，姐姐的英文认字程度，是排在“低”的那一组。为什么我知道呢？因为有天在校门口等她放学，刚好遇到同班另一个小男生的妈妈，据这个妈妈说，她儿子听到的字，统统拼得出来。小孩每天在学校都是说英文，所以只要是生活里会用到的字，他的小孩都拼得出来。天啊，我在美国读到硕士都做不到的事，她儿子才六岁，就做到了？然后这位妈妈就开始说她的方法：“很简单，自然发音的教材，国外孩子用的原版本，很多卖场里都有，虽然是厚厚的一大本，每天做几页，你只要盯着孩子不放弃，你的小孩也一定可以的。”

我竟然被她说动了。回家马上将此“教育理论”跟先生说，“要不要我们也去买回来试试看？”还好，这个平时只管上班赚钱的先生及时拉了我一把：“那么小，那么会拼字，要做什么？把小孩变成字典有什么好？这个年纪的孩子不该将时间花在这个上面。”说得太好了，语文程度不是你会写什么字，而是，你的头脑里可以写出什么东西来。多数父母不是不知道这些道理，但是，我们的升学主义，常常让父母弄错了教育的方向。

之后，只要看到一堆父母在讨论孩子的教育问题时，我都会用最快的速度

离开，离开三姑六婆的言论愈远愈好。当父母的脑袋是清静的，自然可以给孩子一个清静的学习环境。

我只将注意力放在我能掌控的家庭环境上，其他的一切，只要还没临到我孩子的头上，我都当作没看见。

注音符号[1]

父母自己吓自己的事情，还多着呢。“如果我的小孩幼儿园没学注音符号，但别的小孩都会了，小学一年级的老师就会跳过不教，到时我的孩子怎么办？”

我家弟弟，就是完全没学过注音符号就去上小学的，后来学习上有遇到问题吗？完全没有。你以为我没听过这种父母间流传的“危言耸听”吗？我根本不予理会。

我知道小学语文课本的进度，明明一年级前十周，安排的就是“学习三十七个注音符号”，请问，如果老师跳过不教，那这十周，

注：① 1918 年北洋政府教育部颁行的汉字注音字母，中国台湾地区汉字的主要拼读工具之一。

老师和学生不是都要瞪着黑板发呆了吗？所以这种传闻不合逻辑。当然，世间绝对有可能出现所谓不合逻辑的情况，如果我的孩子真的遇上了，我只会想去买彩票，因为碰上了概率这么小的事情，当然要赶快去买彩票啰。

弟弟读的幼儿园没教注音符号，但是要升小一的那个暑假，我猜想，其他的同学可能都被父母送去“补习”注音符号了，大家都怕自己的孩子落后别人。但我就是不怕，有什么好怕的，学注音符号这种小事，又不是要你去登喜马拉雅山，开学后还有十周的时间可以慢慢学，不需要紧张嘛。

我只相信一件事：只要态度认真，没有学不好的东西。

父母希望孩子“跑在别人前面”的心态，有时候反而会扼杀孩子的学习兴趣。

上小学对孩子来说，是一件既兴奋又高兴、可能还带点紧张的事，所以如果能在轻松的环境下，让孩子先有些心理准备，也是好事。于是当大家都去补习时，我就简单地买了张印有注音符号的大海报，随意地往家里的墙上一贴。然后每天早中晚，每次半分钟，我将弟弟请到海报前，听妈妈张开大口字正腔圆地念上一回——我不要求他背起来，当然也不会考试，因为我相信，小孩的脑袋，在没有压力的情况下，什么事情只要多听几回，自然而然就可以愈来愈熟悉了。我把它当成朗诵比赛，把孩子当成朗诵比赛的观众。我只希望孩子心里有个概念就够了，不需要事先先学好；上课前都先学会了，你不怕小孩上课会觉得无聊、无趣吗？

“如果我注音符号念得不标准，那怎么教小孩呢？”别怕，我也不是老师，我的发音也并不完全正确，而且念注音符号对我来说，是三十多年前的事了，但是别紧张，只要不是错得太离谱就好。仔细想想，注音符号只是认字的工具，一个人说中文标不标准，跟你会不会念注音符号是没有关系的。况且过了小学阶段，等你该会的字都会了，还有人在乎注音符号这件事吗？也就是说，注音符号在学习生涯里，只是个过渡工具，是最不必紧张的一件事。

注音符号只是认字的工具，不出几年就可以功成身退了。

我说了，我是不管孩子功课的妈妈，但弟弟上小学后的前十周例外。因为我也不知道别人都会注音符号只有他不会，对他会不会有影响，所以我必须花时间观察和关心他。于是每天放学后他要开始做功课的时候，我也会坐到书桌旁陪他——只是陪他——因为他对一切都还不熟悉。刚开始学校联络簿抄回来的功课都是用注音符号写的。之前他的幼儿园是没有功课的，小学的一切，对孩子来说都很新鲜。

我还记得，弟弟房间的角落，有一张 IKEA 小木头方桌，配上四个彩色的小椅子，他坐在一张小椅子上，我坐另一张。我坐下来的用意只是：如果你有任何问题，我可以随时帮你；如果你没有，我就是静静地坐着自己看书。因为我猜想孩子的问题可能会多到要频频找我——妈妈先将自己放在一个安定的位置上，孩子也更能安心。

我的全程陪伴，可能不到六周吧，弟弟的注音符号就上轨道了。

小一刚开学的功课，不多，不到半小时就可以做好，然后我会请弟弟将当天教的注音符号念给我听，如果他记不起来也没关系，我就跟他一起念。一周的时间也学不到几个注音符号，每天都跟他念几遍，孩子自然就愈来愈熟悉了。接着进到下一周后，我会请孩子将前一周学过的拿出来一起念，即使他还是有些记不住，我也绝对不说什么负面的话，例如："你都不认真学，你知道你的同学都会了吗，不快点加油很丢脸……"

因为我心里明白：这些东西多念几次、多看几次，你念不出来我就帮你接下去，熟能生巧嘛，根本不是什么大学问。

另外，我用名片大小的空白字卡，写上他已经学过的注音符号，全部排在地上，一起跟他玩我自己发明的"注音符号游戏"——起先我请他将会念的字卡，念对了就拿起来，最后留下来的，就由妈妈一边念一边拿起来，然后双方算算谁的字卡比较多，多的就赢了。后来他注音愈来愈熟悉后，我就跟他玩起了抢字卡的游戏，看谁念得快念得多，就可以抢到最多的牌。当然，我会偷偷让他。

渐渐随着学校的进度，我们可以排出来的字卡也愈来愈多，他对注音也就愈来愈熟悉了。这前后也不过几周的时间而已。我还记得当时弟弟在写作业，我也在旁边忙得很呢，除了做字卡，我还得将他学过的课文先看一遍，常常自己也得猛查字典才可以弄清楚"振镇震、正政证、陈沈晨、成层曾"在注音上的不同。事隔多年，除了教学生的老师外，我们好像也不太需要那么清楚注音的差别，对吗？（其实，上面我做的这些都是多出来的工作，如果每个孩子都是等小一再学注音符号，没有人偷跑，这些额外的工作，我是统统不需要做的。）

我永远会记得和感激这位老师的爱心。弟弟开学没多久，有天中午接他放学，我晚了几分钟，到校门口时只剩惠津导师和弟弟俩，然后老师看到我的第一句话是："你会不会说闽南语？"老师似乎知道现在的孩子都听不懂闽南语。"我不会说，但是我会听。"然后老师就在孩子面前用闽南语问我："你家孩子没学过注音符号吗？"我点头。

"没关系。"她的态度和答案，让我很意外。

"我只是要跟你说，没学过没关系。只要照着十周的进度慢慢学。不会有问题的。因为我怕他要是学过了还不会，那他可能就是要特别关心的孩子。"天啊，这样的好老师，要去哪里找啊！她发现了弟弟的不同，先来跟家长确认，知道真是没学过后，再给家长鼓励和支持。更更更难能可贵的是，她明明可以直接问弟弟，但是她没有，一个老师，面对这么多学生，却可以注意到这么细微的教养问题，你知道这是多么可敬的事情吗？

这位老师值得佩服的地方还有：她不希望大人间的谈话，影响到孩子的心理——“原来老师说我跟别的同学不一样，我是不是哪里比别人差？”他没有比别人差，他只是没有偷跑，照着进度按部就班而已。

我也知道，当初如果我愿意送孩子去“补习”注音符号，我自己会比较轻松。但是直觉告诉我：唯有花自己的时间和心力在小孩身上，我才可能有真正轻松的一天。父母的力气永远要花在前面，为了自己好，也为孩子好。

自行阅读

小学过了六周后，注音符号也学了一大半，这时候，我从故事书上挑了一些弟弟熟悉的词语，将这些词语用注音符号写在家里的玻璃墙面，然后等弟弟有机会“路过”时，经常地请他自己念念看。

我的原则还是一样，你如果会念，很好，如果不会也没关系，就听妈妈当场念给你听。等墙面的字都熟悉了，可能是三四天的时间，我就擦掉再找一些新的写上去。这是我用过的方法，前后持续了大约不到四星期吧。后来老师除了课本之外，又加了课外阅读的功课。我记得，每个小朋友带回家的故事书都一样，然后请家长与孩子共读。我知道弟弟的拼音还不熟，所以一开始我主动读给孩子听。念法跟平时念故事书时不一样，是逐字拼音，逐字用手指指着字，并要求小孩的眼睛看着妈妈念的地方。这是我帮孩子念故事书多年来，从未有过的举动，因为此时此刻，孩子的任务是学会注音符号，我的方法当然就要能助他一臂之力。

开学第八周的一个早上，时间点我还特地记了下来。当时我正在准备早餐，弟弟手里拿着《穿过隧道》这本故事书，很兴奋地跑来跟我说："妈妈，我今天自己读了两页耶。"

恭喜，这是他长这么大以来，第一次自己阅读文字。

接着，第十周，他自己阅读了整本的《小布做木工》。这本书的字数不多。

读了多少个字不是重点，而是孩子在没有人要求的情况下——主动阅读。请注意，他从小听故事从来不需要自己花力气，只要像个大爷似的——妈妈念，他负责听，然后眼睛盯着美丽的绘图就好了。可是，这并不影响他日后自己阅读的兴趣。

所以我的经验又打破了另一个自己吓自己的言论："小孩从小听故事都不必花力气，将来怎么能习惯自己花力气看书呢？"没有这回事，当小孩爱上书本时，你不要他读书才困难呢。

当时间到了第十四周，那天弟弟带回了一本字数超级多的故事书《用爱心说实话》，然后我就坐在书桌边，听弟弟一个字一个字地，对着注音符号念了起来。我还记得，他一边认真地念，我心里还觉得有点心疼呢，心想："老师今天的功课会不会太难了？"因为字太多，他念得有点吃力和辛苦，最后终于念完了，我往联络簿上一瞧，哎呀真是抱歉哪，原来那是老师要家长念给小孩听的功课。

我拿弟弟当白老鼠做实验的结果，应该可以给父母们更多的信心了：完全没学过注音符号的孩子，只要他们肯上进、有责任感，"能不能跟上学校的进度"根本不用担心。

我相信我的孩子可以，那你相信你的孩子可以吗？

或是说，你相信你自己可以吗？

后来，弟弟在学校里自己也发现了："同学大家都好会念书哦。"

"没关系，因为你幼儿园没学过，慢慢地，你也会念得跟他们一样好。"

现在有哪个人不识字呢，重要的是孩子那份想要阅读的心。

“认字”不是重点，培养孩子阅读的兴趣和热忱，才是。

如何培养孩子对阅读的兴趣和热忱？请参考有人已经写好的这本书《喂故事书长大的孩子》，里面有精辟的见解。

姐姐弟弟从小听妈妈念了大量的故事书。故事给他们的感动和满足，让他们对看书产生了兴趣和热忱，这是任何人都拿不走的。但是，他们是怎么从“听妈妈念”过渡到“自己阅读”的呢？

在大部分家长的观念里，既然上了小学，也学好了注音会认字，就应该自己阅读。于是你常会听到父母对孩子这样的喊叫声：

“怎么都没看到你在看书？”

“学校不是有规定课外阅读的功课吗？”

“你看你堂哥这么喜欢看书，你怎么都不喜欢看书？”

父母心里很着急，看不得孩子有一点落后别人。

但主动阅读，不是逼迫出来的，是培养出来的。

“怎么都没看到你在看书？”像这样的负面句型，我奉劝父母千万不要说。我是打死也不会说的。因为我怕这种话一说出口，只会让还没定型的孩子误以为：哦，原来我是不喜欢看书的人。

别以为姐姐弟弟学会了注音符号后就开始拿起书本猛看了，才没有呢。姐姐直到一年级读完，过了一个暑假，升上小二后才慢慢开始自行阅读书里的文字。所以在这之前，整整一年，当学校有“与家长共读”的作业时，我都会主动拿起书来念给孩子听。而且请注意：这个阶段，即使我的手指并没有指着书上的文字，我也没要求他们看文字，但他们却会很自然地自己去看字了。

此外，我帮孩子念故事书的习惯，也没因他们都学会了注音符号而停止。我还是像他们小时候一样，每天只要有空，就主动念故事书给他们听。一天没念三小时，大概也有一小时吧。

因为我有一份出于对孩子的同理心：他们才刚学会注音符号，逐字阅读比较吃力，所以如果我不想扼杀孩子对书本的兴趣，就不能让他们感觉读书很累，不好玩。如果我在孩子还没准备好的时候，就用逼迫的手段，那么被牺牲的一定是孩子对这项东西的兴趣。

另外，我还出于一份信心：喜欢听大人念故事书的孩子，一定会有主动阅读的一天，所以我不必太急于看到结果。我能做的，就是继续他们小时候最爱的“听妈妈念故事书”。

果然不出我所料：姐姐弟弟都在小学二年级的阶段，开始主动读故事书里的文字了。也就是说，他们会在闲暇的时候，自己到书架上抽故事书下来看，不是只看图，也看字。书架上的故事书，他们熟悉到不能再熟悉了，但以前从没自己阅读过里面的文字。孩子一旦发觉自己的注音拼音能力，可以不用太吃力地配上文字时，他们自然而然地就会自己去探索那个文字世界了。

姐姐弟弟开始会主动阅读课外书后，我也没有马上丢下“念故事书给孩子听”的习惯。因为直觉告诉我，习惯的建立需要时间，在我还不能百分之百确定“他们这一辈子离不开阅读”的时候，我绝不能掉以轻心。我也绝不会每天催促孩子去看书，与其催促孩子，还不如自己拿起书来念给孩子听，更稳当。

如何养成孩子主动阅读的习惯？

请父母先拿起书念给孩子听吧。

后记

弟弟主动阅读的时间比姐姐晚，同一时间姐姐已经开始自己看书了，弟弟却还没有动静。于是我破例跟弟弟说：从现在开始，不管学校功课有没有规定，你每天都要拿一本故事书来念给妈妈听。三周后，有一天弟弟跑来对我说：“妈妈，我发觉我愈来愈喜欢读书了。”不是不能给孩子规定，是要看时机。要怎么看时机呢？通常父母花了时间去照顾孩子，就比较容易知道什么时候叫时机成熟。

联络簿

联络簿，在我的记忆深处，它只是一个我抄家庭作业的地方。也就是说，如果我可以用脑袋记住每样功课而且不会漏掉的话，我就可以不需要联络簿。我也曾经每天使用它，直到初中毕业吧，但是却从来没有印象，老师或父母很重视这个小本子，好像它根本可有可无，只要我能自己顾好自己的功课就行了。

所以当姐姐弟弟拿联络簿来让我签名时，我有种奇怪的感觉，你的功课你自己顾好就好，为什么要给我签名？别怕，我当然是入乡随俗，老师规定的事情，我一定照办。但是如果老师没有特别留言，我就只负责签名，连多看一眼都不会。逐项检查功课？我做不来这种事。就算要检查，也是孩子你自己检查，怎么会变成我的工作呢？你办公室里的事情，交给老板之前，有人帮你检查吗？

于是孩子拿联络簿来，我就“画押”。有时候孩子拿来时，已经好多天没签了，我就一次唰唰唰地全部签完，只差没连下星期的空白页也一起签下去。有一天，小一的弟弟拿联络簿来，说：

“老师问我，我妈妈是不是常常出国？”

“你怎么说？”

“我说没有。是我妈妈忘了签。”

然后我记得非常清楚，我看着弟弟的眼睛，更正他的说法：“下次要跟老师说：‘是我忘了拿给我妈妈签名。’”

也就是说，如果孩子不拿联络簿来给我签名，我是不会主动去跟联络簿相认的。

“这样老师不会抱怨你不关心小孩吗？”

我够不够关心小孩，我自己知道。

而且我只关心我想关心的事情。

当我还是学生的时候，联络簿从来没有构成困扰过；所以我也用相同的态度对待姐姐弟弟的联络簿，至今十多年了，也换过好几个老师了，也从来没构成困扰过。

为什么？这是我的推论：因为从小我的功课都自己顾得好好

的，所以老师不会在联络簿的事情上计较；姐姐弟弟从小的功课也都自己顾得很好，所以老师也不会自找麻烦地在联络簿上斤斤计较。

如果老师特地请你每天一定要看看孩子的联络簿，那通常表示，你的孩子需要注意的程度，已经超过老师的负荷，需要家长帮忙了。试想：如果全班的孩子都把功课准时做好，你觉得老师还会在乎联络簿有没有准时签名这件事吗?

重要的不是那本联络簿，是你平时有没有花足够的时间去关心孩子的生活起居。姐姐弟弟从上小学的第一天开始，自己做功课、自己收书包、自己准备要带去学校的东西，我从来不检查。如果你怕孩子误会你签联络簿的态度太随便（孩子只会怕你太认真啦），每次签字前问一句："都没问题了？""对，没问题了。""很好，像你这么负责任的孩子，要去哪里找啊！当你的妈妈，我真是太幸福了。"

我知道很多父母，下班已经累得半死了，但还是会拿着小孩的联络簿，逐一检查每项功课有没有错误。通常孩子或多或少都一定会有错误，所以当爸妈帮孩子检查功课的时候，就是家庭气氛最糟糕的时候。发生这种情形，我想安慰一下你，不是因为你的耐心不够，真的，十个父母有十个，都很难在这个节骨眼上生出耐心来的。对小孩来说，他们也很痛苦和无奈——你那么喜欢检查我的功课，所以我只会愈做功课愈不认真，因为不让你发现一些错误，你不就很没成就感了吗。

即使我不检查孩子功课，还是有很多机会可以让我关心孩子的学习状况。例如他拿功课来问我时，“错误都订正好了吗？做错了没关系，学起来下次不要再错就好。”例如孩子拿考卷来给我签名时，就可以看看是错在什么地方，借以了解孩子的学习有没有脱轨。

关心孩子的课业，不必紧迫盯人。

因为孩子需要的只是方向，不是怎么走的路线图。

后记

我不主动签联络簿这件事，有人可能会质疑，甚至可能放大说我不关心小孩，是不负责任的父母。但是我不是，我的小孩也知道我不是。更何况，即使是香港的国际小学，有些重要的考试或作业报告，也会特地请家长签名再交回。所以不该错过的，只要你有心，是不会错过的。

“我家孩子个性涣散，如果不盯紧，等于是放牛吃草。”每个孩子天生有不同的个性，大人当然要因材施教，只不过，我们心里要有警觉：我们准备盯孩子盯到什么时候？“自动自发”是教育里最重要的一环，一个对自己的事缺乏责任感的人，是走不了远路的。

写　字

父母看小学一年级孩子写字，也常常是亲子冲突的来源之一。

亲子间不是不能有冲突，而是亲子间的冲突要有“配额”，这个“配额”最好留到孩子青少年时再慢慢花用。所以我认为，将它花在“小孩学写字”这件事情上，好浪费。

首先我想问的是：为什么老师、家长都这么喜欢看到小孩可以写得一手工整的好字？嗯，换个问法，家长看到孩子字写得歪七扭八为什么会这么介意？

“小时候字写得漂亮，长大的字就漂亮吗？”不一定吧。字写得漂亮，是可以靠后天练习的。

没有一件事，是不能靠后天练习的。

只要肯练习，每一件事都可以愈做愈好。

所以父母要不要想一想：自己为什么一看到小孩的功课写得不漂亮，就这么火大，原因是什么？你到底要求孩子的是什么？

是态度，对不对？

老师或父母最该在意的是：小孩的学习态度。如果一个小孩用很认真的态度写好了一页汉字，即使你看了快要“吐血”，也别说任何批评的话。不是说“态度决定一切”吗？工作上要成功，什么条件都有，如果没有好的态度，一切免谈。既然孩子态度正确，那父母何必还要做“橡皮擦父母”，随时等着擦掉孩子的作业，让他们一遍又一遍地重写呢？

如果孩子的态度是错的，就应该将教育的重点放在“态度”上。光擦掉重写，重写一百次也没用，不是吗？父母愈紧迫盯人，只死咬着眼前看到的结果，以为结果好就好，反而只会让孩子的学习态度愈来愈不积极。

好啦，这样被紧迫盯人的孩子，功课也可能不错。但是，你准备何时放手呢？还有，被紧迫盯人方式养大的孩子，你觉得有多少比例会成就自己呢。

我从来不在乎孩子字写得美或丑，因为这时候的漂亮，不代表会一辈子漂亮，所以这时候的丑也不代表什么。当小孩的手部小肌肉还在发育阶段，字的美丑，不是我们该在意的事。但是，当我看到小孩某一个字写得好漂亮时，即使整篇就只有这一个字漂亮，我也会大声地惊呼："哇，你看看哪，这个字美得连柳公权都要自叹不如了。"孩子的好态度，不是被挑着错误挑出来的，是随着赞美而来的。哪个孩子听到大人赞美，内心不是充满喜悦的呢？那份喜悦，就是孩子愿意认真学习的最大动力。

——小孩小肌肉不发达，作业格子又有大小限制，加上孩子又不熟悉这么多笔画的中文字，说实话，能不写出格子外，就值得嘉奖了吧。有一回，我看着小一的弟弟写字，写着写着，弟弟拿起了橡皮擦就要擦掉——

"你要擦什么？"我大喊。

"这个字不好看我要重写。"弟弟说。

"不要擦啊——"我的语调就像在跟包青天喊冤似的，"这个字已经很美了，不用擦吧。"

"不行。一定要擦。我们老师说，在写这个'了'字的时候，爸妈不能在旁边说话。你看你刚刚说话，结果我最后拉下来的这一画就不直……"

可爱的老师，原来早就知道，现在的父母最喜欢做的事，就是紧迫盯人。

字写得漂不漂亮不是重点，孩子用什么态度写字，才是。

可能有那么一两次吧，姐姐因为急着去玩，功课写得像“鬼画符”，被我发现了，平常和颜悦色的我，这时是会拿出父母的威严来的。我记得我没有要孩子重写，但是我那严肃的态度，也会让孩子明了我的原则：只要我的学习态度是对的，妈妈就不会干涉我；一旦不对时，她可是会生气的。

我很少对孩子生气，所以我一生气，他们就知道事情严重，还是快快改正，比较好过日子。

姐姐的手写中文字，目前都还有一定的水平。弟弟还太小，说不准。字要漂亮，多写还是关键。但是多写，不是要你在小学低年级的时候拼命写吧，在整个求学生涯中，持续不间断地慢慢练习，才会八九不离十。

请别这么斤斤计较

星期天，我和弟弟并肩坐在餐桌前工作。我写稿，他写作业。当小孩愿意跟我一起工作时，我的心里总有一丝丝的高兴出现。因为一来妈妈认真工作的态度可以勉励小孩，二来可以提醒我自己不要偷懒。偷懒不是小孩的专利，爱偷懒的大人也不少。

但是这样的工作环境，常常会无端浪费更多的时间。因为只要一个人开始说话，两个人就会没完没了地说个不停。有时候我会突然大喊“不要再聊天了”，但更多时候我会告诉自己“难得的亲子时光不要管这么多了”。

今天弟弟突然说出的事情，让我大吃一惊。他先在纸上写出一个英文字母 A，然后故意将 A 中间的那条横线，其中一边，差一点点没有连到斜边上；接着他将没连好的空隙，用笔在上面画个小圈。然后说：

“妈妈，你知道吗？上次我回台湾去找大宽、小宽，”他们是他的堂弟，小一和小五，“他们这样写，也被老师纠正。”弟弟的语气是，这样的小事也纠正，太令人惊讶了吧。

“你从来没遇过老师这样纠正吗？”我问。

“从来没有。”

“妈妈，你忘了我在台湾只读完小学一年级吗？”他已经假设，这样的教育方式，是不可能出现在西方教育现场的。

“是不是你一直都写得很整齐呢？”我又问。

“不是，不是。我们没有这么 Peaky 的老师。”这个英文字应该可以翻译成斤斤计较。

这应该是前一阵子的事了，弟弟一定是觉得这件事太不可思议，突然想起来，就要快点当八卦说给妈妈听。他又说：“还有，是非题说对的打圈，错的打叉，结果小宽将对的全都打钩，也不行……”

妈妈陷入沉思。我自己就是在这种斤斤计较的教育思维下长大的。通常这时大人一定会说，明明是打圈，没看清楚却打钩，小事就粗心大意，将来大事还得了。这似乎听来成理，但事实真是这样吗？

小孩能否细心，是靠纠正这些小事得来的吗？学校教育最主要的目的，是要看小孩学到了什么知识，既然小孩已经学到了，那细心与否的问题，大人是不是应该多给小孩一些时间和宽容，来慢慢养成呢？

小孩最需要的是鼓励，不是打压。小孩随时都在成长，有些事情，不需要太斤斤计较，他们也会自己慢慢愈做愈好的，不是吗？

有些大人喜欢在小孩做错事时，即使小如皮毛，立刻给个“下马威”。我认为这是中国传统观念的余毒：一次就让你记住有“多痛”，以后就不会再犯了。这根本就是大人想便宜行事的借口。教育是百年大计，也是一辈子的事，立竿见影的方法，不应该用在孩子身上。

有一次我配合网络书店进行新书宣传活动：事先约好九十分钟，透过计算机打字沟通，当场回答世界各地网上读者的教养疑问。提问一题接着一题，因为时间紧迫，反而逼出了我内心深处最想说的话来。我记得有一题来自北京的妈妈，她说小二的女儿读书做功课常常粗心，使过什么法子都没用，问我怎么做才能让小孩更细心。我被这些操之过急的父母逼急了，手指上打出来的答案竟然是："没办法更细心了啦，这么小的孩子，你们整天让她写东西，她没发疯抗议已经很好了，没办法更细心了。"

父母对小孩的期望太高了。功课多还要更多，成绩好还要更好。有没有想过，小孩其实已经尽力了？

别在小孩还未定型的时候，就对小事斤斤计较。别让小小的孩子感觉，每天的一举一动，都有父母老师在上面"乌云罩顶"。这种感觉，以教育的长远眼光来看，绝对不是好事。

你知道受西方教育的姐姐和弟弟，从没见老师特地要学生死背英文单词吗？他们的英文课，多数都建立在各式各样的阅读上。识字，根本是学习里最不需要施压的事，多看书，自然可以识字。而学生一开始写出来的东西，只要读得通，也没有老师会对着小地方指指点点的。

你知道西方教育的现场，数学的答案错了，只要中间的算式有对的地方，照样会给分吗？他们不是故意开漏洞给小孩钻，除了结果，过程也很重要，这不就是教育该有的宽容吗？

也许你会反问我："我们眼前面对的教育方式就是'结果论'，老师父母也没办法。"对，如果现今的考试制度就是这样，我们真的无力在短时间内改变它。可是，当孩子还小，还有时间慢慢摸索的时候，老师和父母就要尽力给孩子更多的宽容，别在小事上对小孩斤斤计较，应该将目光多投注在孩子值得鼓励的地方。

父母和老师的教养心态要先慢慢进步，愈来愈大器，国家的教育制度才有进步的机会。刚起步的孩子，只是打圈写成了打钩，就大笔一挥给个零分，你不觉得事情哪里不对劲吗？我从来不这样养小孩，如果是我的小孩因这样而拿了零分回来，我只会说："别难过喔，你其实都会，妈妈算你一百分，下次小心就好。"我绝对不会在这个时候再泼小孩冷水。小孩这时最需要的是拥抱吧，这个拥抱，老师也可以给。

细心，是鼓励出来的。

过多的批评和纠正，只会减损小孩想要上进的心。

没事别赢在起跑线上

那天，我一个人到百货公司楼下的饮食部吃午餐，等我点好餐坐定时，看到隔壁的隔壁有一对父女，女儿大概不到四岁，正襟危坐地在小小的桌上写东西，爸爸坐在她的对面，很慈祥地对她指导有加；后来爸爸示意女儿继续，他得去端刚刚点好的午餐……

爸爸走开后，我终于有机会可以看看小女孩在写什么了，那是一本大大薄薄的几乎铺满整个桌子的本子，上面有一格格的格子；女孩个子太小，所以她必须趴在桌上，眼睛几乎快要"黏"到本子上去了。然后我心里出现了些许可惜的感觉——因为小女孩正在练习写的是阿拉伯数字。

我们对这样的景象都不陌生，除了123，还可能是ABC，然后是加减乘除……多么认真的爸爸，可以想见他多么爱这个孩子，连吃饭时间都不放过地要孩子多多练习。先不谈孩子，光说大人，没有足够的耐心，是做不到这个程度的。但为什么我觉得好可惜？

因为父母跑错了方向。

希望孩子可以赢在起跑线上，无可厚非，但是方向错了，反而绕远路。

这个爸爸心里想的是：我先将孩子的基础打好，将来一定可以轻松不少。但是真正的基础不是写字，也不是背注音符号，也不是做运算练习，而是要让孩子的脑子活泼起来。所以如果父母有心要助孩子一臂之力——身上随时准备一本故事书，一有空就拿起来念给小孩听，好的故事带给孩子的影响力，绝不是填鸭式的练习可以取代的。只是因为有些学习，你可以当场看到成果，有些却不能，于是很多大人就迷失在眼前的“诱惑”里了。

认字、写字、运算练习，不是不需要学，而是还不到时候就不能硬塞给孩子。在孩子还可以享受童年无忧无虑的快乐时，没事加这些无趣的东西进来，只会干扰孩子将来吸收知识的渴望。但是，念好的故事给孩子听却大不同，虽然当下你看不到成果，但是等它突然出现在你眼前时，你的心里会高兴得大笑出声。

除了念故事书之外，对小孩来说，带他们到公园里跑跑跳跳，让身心得到充分的发展，都会比练习什么要好上几百倍。

想帮孩子赢在起跑线的父母，还有一个盲点，容我提醒一下：当孩子小的时候，有时候大人只要使一点力，很容易就可以看到孩子“出类拔萃”。例如小学低年级的考试，大部分的孩子都没什么准备，所以只要你让孩子多练习几次，甚至恶补一下，就会看到他的成绩比别人好。然后父母很高兴，觉得自己的努力没有白费，于是力气愈花愈多。可是你没想到的是：学校的功课是愈来愈难的，难到最后是无法靠父母帮忙的。最后唯有孩子愿意自己努力才行。可是这几年下来，孩子早已养成了靠父母帮忙学业的习惯，等父母帮不了的时候，他自己也常常觉得无能为力了。

有没有听过一些例子：小学时功课很好的学生，上了初中，成绩却每况愈下——小时候被逼得太紧了，慢慢失去了对学习的热忱，等初中真正该拼功课的时候，早已生不出发愤图强的毅力。或是一路上功课都太好了，根本受不了功课不如人的打击，而愈发沮丧。

我自己小学读的是私立学校，一个年级只有五班，当年这五班第一名毕业的同学，据说后来功课都不行了，最后没一个人上大学。没上大学也不代表不能成功，但在那个年代，读私立学校并不普遍，又是第一名毕业的孩子，最后竟名落孙山……这是他们的父母想象得到的事吗？

所以一开始，我对孩子就设定了：初中之前，你们有本事就尽量玩（不包括打电动、上网闲逛），学校功课自己顾好就可以了。所谓“顾好”，意思是：别让老师找上妈妈就行。只要你们能应付得了老师交代的事，能过得了老师那一关，妈妈我绝对不会要你们“好还要更好”。小时候玩过瘾了，身心得到了充分的发展，等真的要拼功课的时候，他们自然会愿意全力以赴。

该玩乐的时候让孩子玩乐，

该读书的时候，孩子自然知道要努力。

可惜有些父母没有察觉到这个盲点，所以我们常常会看到小小的孩子，在父母的监督下，猛做一二三的书写和数学的运算练习，这时我都很想跟他们说：“你选的是一条近路，但却最难到达目的地。”

后记

很多父母会到教室当义工帮忙（如果是老师需要，那一定要支持），其中一个可能的原因是，父母认为常常出现在学校帮忙，老师就会对我的孩子特别关照。“孩子受到特别关照”，不是父母梦寐以求的事吗？我不会这样，我希望的是，孩子进入学校之后，一切都要靠自己。想要获得老师的认同、想要在同学间有好人缘、想当班长、想参加任何比赛……你都得靠自己，即使刚开始孩子无法赢在起跑线上也没关系。不是靠自己赢来的东西，再多也没用。

作业太多

孩子还没上小学，你可能就听过一个可怕的传言：现在小学生的作业非常多，多到根本写不完。我听过不止一次，甚至移居香港后，还照样听得到。

“作业太多了，我的孩子常常写到睡着，然后一醒来看功课还这么多，就大哭了起来，每天不到十一点根本写不完功课。”十一点？没错，这是我在台湾亲耳听到的，但记不得说的人是转述别人的故事，还是亲身的经验，但我确定的是，她说的是小学低年级的孩子。可是无论如何，这样的故事吓不倒我，因为我用下面这逻辑推论：

全班有二三十个学生，如果每个同学都可以应付这种功课量，我的孩子没理由应付不了。而且不可能小学低年级全班的学生，都每天写作业写到十一点，然后父母们还不去学校抗议的。小学低年级只有半天课而已，怎么可能写不完作业呢。

姐姐和弟弟的小一导师，两位刚好不同调，一位走西式开放教育，另一位行事风格较严谨。所以比较两个人的作业，姐姐的比较少，弟弟的相对比较多。但是多又能多到哪里去呢？专心写，大概不到半小时吧，稍微拖拖拉拉一下，顶多也不超过四十分钟。

如果真的遇到老师出的作业多到孩子负荷不了，我会先去打听其他同学的状况，如果多数人都没这个困扰，是不是就要检讨一下自己了。如果大家都有相同的感觉，这时候再一起去跟老师反映，老师也比较容易相信。如果遇到不能沟通的老师呢？当自力救济无效时，太离谱的老师，我会不惜帮小孩转学的。

“过多的作业”，是摧毁小孩最快的方法。

我不管你相不相信，我是这么坚信的。

其实真正让孩子作业太多的元凶就是我们自己哪！

你知道有多少父母是看不得孩子“作业少”的吗？

“小学低年级，是基础教育，不是作业写得多就好。如果你觉得孩子作业太少，请父母自己在家里出。”这是姐姐小一导师，有一天贴在每个同学联络簿上的一张小纸条，看了令我拍案叫绝。你看看，一定是每年都会有家长来反映“功课太少”，老师就想，我该聪明点，打在计算机里，反正每年都会有人来抗议，到时就全班都贴上一张。这位老师展现的勇气是：我认为是对的事情，就不怕大家来讨论或是抗议。

这是台湾的办公小学，那搬来香港后读的国际学校如何呢？

香港国际学校是由西方教育人士运作的，但是学生里面有百分之七十以上是香港本地人。他们的作业很少吗？小学是，但升上初中后就慢慢不是了。很多报告作业的难度，是我进了研究所都望尘莫及的。当时姐姐才初一，有一天她跟我说：“今天下课后，老师把我和三四个同学叫到门外，起先我吓得半死，心想说发生了什么事，原来老师要问我们，会不会觉得作业太多？每天大概要花多久才能写完功作业？”为什么问？

这个老师也是管整个年级的教务主任。“他说有家长来反映，我们学校的作业太少了……”

哇哇哇，“你怎么回答的？要不要妈妈到学校去跟老师亲自说明，功课绝对不会太少。”我一时激动了起来。

这就是中国人的思维，从台湾到香港，我看从香港到内地也一样——好像觉得“只要作业越多，小孩就会越成功”似的。这是一种很不进步的观念。小学生八点上课，四点下课，再加上回家做作业的时间，一个小孩的“工作量”已经要跟大人旗鼓相当了。为什么我们还要觉得作业越多就越好呢？

你如果看到孩子写完作业后就无所事事，那表示你的孩子需要学习如何过日子。

如果你的孩子做完作业就只会打电动，那表示你给孩子的家庭环境要改变。

除了做作业，你的孩子就没有其他有意义、有趣的事情可以做了吗？

从小就被作业塞得满满的孩子，你觉得他的兴趣和天赋还有发挥的机会吗？

“早上吃饱一点，上一整天的课，是很费脑力的。”这是我常对姐姐弟弟说的话。大人以为上课是件很轻松的事吗？一整天，一堂课接着一堂课，下课时间又短，如果假设你的孩子每堂课都很专心的话，其实到了放学时间，人早已累坏了。大人要有点同理心好吗？我假设孩子在学校是全力以赴的，所以当他们回家后，我不愿意再苛责他们“作业太少”。

“回家作业”要适可而止。

让心灵得到充分休息，路才能走得长远。

父母这种见不得小孩闲的态度，只要小孩一有空闲，就恨不得他们赶快被功课填满，这种填鸭式的思维，才是教育改革无法进步的最大原因。

名 次

台湾的教育，有没有在进步中呢？有。我说的不是升学方式，我说的是教育思维。第一，就我的经验，台湾的小学，已经不排名次了。六年前，姐姐弟弟当时发下来的考卷，除了一个总分外，旁边还有一个小表格，写明了全班几分到几分的，各有多少人。它只是要告诉你，你的孩子的成绩落在全班的哪个位置上；也是要告诉你，分数没有绝对的，因为你的孩子如果考的是六十分，也可能是全班数一数二的成绩。

月考、期末考、最后学期成绩，在姐姐小学三年级离开台湾之前，我从来没看过孩子的“名次”。这就是进步。不是说“名次”是坏事，而是孩子才在人生的起步阶段，一切都还是未知数，这时候给他们一个“名次”的标记，是要做什么呢？

孩子的学习态度是不是对的、生活习惯是不是健康的、做人处事是不是得体的……才是现阶段最重要的事。但是，没有了名次之后，最不习惯的，不是孩子，而是父母——因为父母可以“比较”的标准不见了。而总分旁边的那个小表格，这在西方的教育思维里，也是不必要的。

扪心自问：教育的目的，就是要赢过别人吗？

如果不是，大家只将眼光放在自己孩子的学习情况上就好，为什么非要名次呢？

听说，到了初中，还是排了名次。既然升学考试已在眼前，学校真要排名次，我也能体谅。初中孩子就是要发愤图强拼功课了，名次让你知道离考上理想学校还有多远，无可厚非。

所以姐姐弟弟这辈子将与“名次”无缘了，因为来到香港后，西方的教育思维不只没有名次，也不会让你知道别人的成绩。也就是说，成绩单发下来后，自己看自己的，老师既不唱名谁谁谁考了几分，甚至根本不鼓励大家互相交换成绩单来看。很好，父母少了“比较”的对象，教育小孩的思维也会跟着更纯净些。

“只跟自己比，不跟别人比。”这样的教育思维会影响学生的竞争力吗？不会的。谁的功课好、谁根本没在读书、谁认真努力、谁打诨摸鱼，每个学生心里都有数，不需要名次，大家都心知肚明。所以每个孩子都知道，你认真努力，不会影响别人的成绩；别人浑水摸鱼，也是自作自受。读书就是自己成就自己，与别人无关。

台湾的小学抛下名次的压力后，我们就看到有更多的老师更有胆识地开始鼓励学生多读课外书了。早三十年前，谁听过这种事呢？看课外书不要被骂就已经很好了，怎么还会有人花力气鼓励你。可是现在会有老师集合班费自行购买故事书放在教室里，营造孩子随手就有课外书可读的情境，回家的功课也会鼓励家长与孩子共读故事书——“睡前讲床边故事”，原本只会出现在西方电影里的画面，也渐渐出现在我们的家庭生活里了。这些都是看得到的进步。

还有一项进步，我们小时候的样板式寒暑假作业，也渐渐消失了。那样的作业有什么意思，有些人不是一放假就一口气拼完，不然就是拖到最后一天才拼最后一口气写完。所以现在的寒暑假作业，也开始鼓励小孩读课外书了。这当然也是一种进步。因为放假就是要休息，读课外书既是休息也是娱乐。

教育要进步，需要大家一起努力，不是片面地改变教育制度就行的，家长的观念正不正确更重要。不要孩子才刚起步，就想着怎么让他们先跑先赢。挤进一流大学不是最重要的事。当大人将最重要的事从“拼台大”转向“让孩子学会为自己负责”后，我们的教育方向就会愈走愈正确了。

谁说要预习

我们小时候，时常听大人说：“有时间去把明天要教的功课预习一下吧。”真的有人去预习吗？我好像从来没做过。可能是这个叮咛太常见了，使得我的心里好像总有个阴影：我不够认真努力，因为我没做到预习功课。

等我脱离了要读书考试的年纪后，有一天看到了这样的观念，真想鼓掌叫好：功课不需要预习，老师教的时候认真听就好，因为先学会了，上课可能更不专心。

的确有许多父母喜欢将孩子的进度，永远赶在老师之前。他们的目的应该是，先学会，等老师再教时已经算是复习了，这样不是永远赢别人一步吗？

但是，每样学习，孩子都要学两遍，这是在浪费时间，你知道吗？当老师教的时候你事先已经会了，对于已经知道的事，再听一遍不会觉得很无趣吗？所以在西方的教育现场，没人鼓励学生回家先预习，或是父母先在家里教孩子“学校会教的东西”。

这是一个旅居德国的妈妈说的，她怕孩子跟不上别人（或是偷跑心态作祟），于是每天在家里先教孩子老师还没教到的地方，结果小孩上课不专心也罢，每当老师请学生们先想一想时，她的孩子总是以最快的速度抢到答案，最后弄得老师来警告家长：以后不准在家里先教孩子。

我在家里要怎么教我的孩子，你管得着吗？没错，你当然可以教，但是若影响了老师上课的情绪，老师就有权力纠正你。

“姐姐，你这周不是有考试吗？你准备好了吗？”我问。

“这个考试不用准备。”她说。

当我第一次听孩子说“考试不用准备”时，真想拿榔头敲她的头，说的是什么鬼话。但是真的，他们有一种考试叫“surprise test”或“pop-quiz”，目的是让老师和学生双方都了解一下：到底学生吸收了多少，或是老师有没有让学生都听懂自己教了什么。所以这种考试老师根本不事先通知学生，可能老师一走进教室就开始发考卷，然后马上听到全班的哀号声，但大家都心知肚明这个道理：老师教的东西都要弄懂、学会。老师随时有权力来看看学生学会了多少。即使没有考试，也要花时间在功课上面，而不是只在考试前才需要用功读书。

这是昨天晚饭时，妈妈跟姐姐的对话。

“你数学最近有没有问题？”我问。

“数学现在是我的强项。”她说。不等我惊讶得回过神来，她又说：

“我现在不管隔天有没有数学课，只要有时间，我都会做一点数学。只要肯花时间，数学一点都不难。”

“从小妈妈就跟你说你的数学没问题，对吧？”这句话我说了十几年，可见她的数学也不好了十几年。

“对，但是当时我不相信。我一直认为是我数学不好。”她说。

哎呀，这么多年了，我就是这么笃定地认为，姐姐的数学不可能不好。会不会是“我对孩子的笃定”终于奏效了。

有很多谈他国教育现场的书，芬兰、挪威、英国、德国、法国、新西兰、澳大利亚、美国……老师父母都可以看看，学习别人的强项，改进自己的不足，这样相当好。我的孩子读的只是香港的国际学校，就可以从中看到许多人性化的教育思维了——

他们不用一百分当成绩的标准，而是用 1 到 7 的数字代表。根据年级、科目的不同，有不同的标准。例如小学成绩的最高分只有 4。但到了初中就变成 7，通常此时分数落在 3 或以下的，家长和学生就会一起被老师强制约谈了。如果你的成绩是 6 呢？一样可以约老师，请教自己哪里可以再加强，因为你还有一分可以进步。我对姐姐刚开始的期望是 5，但随着上大学的日子愈来愈近，我的期望值也升高到了 6。

遇到学校放假的日子，不论是长到两个月的暑假，或是短到两星期的春假，甚至是每个周末假日，老师鲜少因为放假，就多出功课的。请问你上班遇到放假的日子，老板会给你额外的工作吗？对，大人不喜欢，就也请不要认为孩子放假可以多塞功课给他们。放假就是要用来休息的。过日子，就是要均衡。大人小孩都一样。

姐姐弟弟的放假日，从小到大都是在玩的。学校不给额外的功课，我也不给。孩子的小学生活，不是只有功课学习这件事而已。

如果孩子有多余的时间和力气，我不要他们拿去花在把“进度超前”，我宁愿孩子拿去玩乐、看书、交朋友。

孩子的时间统统被玩掉了，不浪费吗？我一点都不觉得。整个童年都缺乏玩乐，才是人生的一大损失。但是，从这个春假开始，我听到了姐姐说：“这个假期我不能出去旅游，我要留在家里用功读书。因为三个星期后就有大考了。”

你看，儿孙自有儿孙福，应该就是这个意思吧。

后记

你如果喜欢在家里先教孩子，请确认一下，你教的方法，跟学校教的是否一样。尤其是数学。你用 A 方法教孩子，然后学校老师用的是 B 方法，请问孩子要听谁的？所以很多孩子会跟老师说，我妈妈是这样教的；然后也有很多父母听到孩子说，我老师是这样教的。“请父母不要在家里教小孩数学。”这是弟弟小一时，得过优良教师奖的导师贴在联络簿上给全班父母的一句话。请参考。

你真的要教也行，但请确认不是愈帮愈忙就好，谢谢。

对孩子有所期望

如果遇到不会读书、不喜欢读书、不肯读书的孩子，但资质又没有问题，请问你会对他（她）说些什么勉励的话？

我会说：“现在读好书，将来工作的选择比较多，你会更自由。”

我会说：“现在不读书，等错过这段年纪，将来想读也不见得有机会。”

我会说：“这就是人类社会的模式，多读书的人，机会相对的也比较多。”

我会说：“现在不读书，只是将自己的未来暴露在更多的风险之中。”

我会说：“现在少玩一点，不会要你的命。现在努力用功些，也不会要你的命。为自己的将来多准备一些‘存粮’，何乐而不为呢？”

但不知从何时开始，我们竟会在公开场合，听到当爸妈的说出这样的话来：

“成绩不好没关系，最后一名也无所谓，只要能毕业就好。”

“我不在乎小孩的成绩，原本成绩烂透了的，最后也一样进了一流学府。”

“我让小孩高中毕业就不用读了，学历根本无用。”说这些话的，好像不约而同地都是叫得出名号的爸爸。

听到这种言论，我蛮生气的。这些爸爸们平常都有花时间在小孩身上吗？还是负责小孩一切的，根本就是妈妈。你们只要在那边开口说大话就好。

首先我想问的是：小孩成绩不好，你跟他说“最后一名也无所谓，能毕业就好”，有什么意义？你这是在安慰他，还是鼓励他？如果你公司的员工，也是用这种态度在做事，你会提拔这种人吗？我看没将这种员工开除，就算是大慈大悲了。为什么做父母的会对还未定型的孩子，说出这么奇怪的话来呢？

孩子不读书，请问你知道孩子的大把时间都用到什么地方去了呢？如果他们是整天吃喝玩乐混日子，你不但不督促，反而还教大家放弃，在公开场合教彷徨的父母放弃……这就是我会生气的原因。

“不在乎小孩的成绩”，这样的话，不要乱说。你的小孩最后还是进了一流学府，是不是因为虽然当初小孩不爱读书，但在家里负责照顾孩子的妈妈不放弃，她苦口婆心地劝导孩子，终于有一天孩子开窍了，而且还来得及，于是开始发愤图强，这才进了好大学。

另外一位爸爸，自己的事业做得风生水起，但他女儿从小不怎么爱读书，也读得马马虎虎，最后考高中时竟然上了前三志愿。你知道这个爸爸有多高兴吗，只差没有敲锣打鼓放鞭炮，但这时他却对女儿说：“老爸我高中一开始也是不读书，高三才拼，一样考进一流大学。所以你现在想玩就玩……”

为什么父母会对孩子说这样的话？你的目的是什么？表示你的孩子天资好，随随便便、轻轻松松就能考上好学校，很神气吗？每个人都有自己的本分，上班的要认真工作，读书的要努力用功、打篮球的要好好练习、做爸妈的要细心照顾小孩……世界上没有一件事不需要努力。你的小孩很努力了功课还是不好，你才有资格拿“条条大路通罗马”来安慰他（她）。

除非，我的孩子已经努力过了，但由于资质不够，真的不是读书的料，那么这时候我应该坐下来跟孩子一起讨论：除了读书升学之外，你还可以在什么方面努力，来加强自己的基础教育？而不是要跟他说什么“能毕业就好”的话。没办法读教科书跟别人拼考试成绩，但其他的书也总要读吧。好的、有趣的、吸引人的小说，又不需要考试，你可以试着读一些吗？父母的工作就是引导孩子，绝不能将“孩子自己不读书、不努力，只知道玩乐，我也拿孩子没办法”这样的借口挂在嘴上。

姐姐的功课愈来愈紧了。她爱玩，但也很认真地在读书。她想进一流大学，所以明知道读书很辛苦，但还是勉励自己加油。除了读书，她还参加了爵士舞、吉他、登山、写作……当然还有交“男的”朋友。国际学校的课业一点也不轻松，如果不是妈妈从未失去“你有能力好好读书取得好成绩”的信心，说不定她早就放弃“用功读书”了。其实早在初二阶段，因为成绩单一度很难看，她就曾萌生从此不读书只专心写作的念头——大陆不是有位出名的年轻作家，就是高中肄业就开始了专职的写作生涯吗？我平心静气地跟姐姐讨论过这个议题。最后的结论是她自己下的：她不想冒“不用功读书”的险。

因为“用功读书”的风险小，“不用功读书”的风险大。既然我又不是不能读书拿好成绩，为什么要去冒这个险呢？况且，很多兴趣（包括打电动）将来都还可以继续，唯有“在学校好好读书”这件事，错过了就错过了。即使将来想弥补，也走不回同一条路。

但是现在有太多父母，仗着自己事业有成，太快就放弃“孩子可以用功读书”的目标。“不读书没关系，只要英文好就好。”这是一位朋友对儿子说的话。孩子原来功课很好，但突然转性不读书了，然后就听到爸爸出现这样的言论，我听了觉得好可惜。爸爸的意思是，将来送出国就好。天哪，你知道有多少富家子弟在国外继续混日子吗？

勉励孩子用功上进的话，可以尽量说。我没有不让你发展你的兴趣，但是做学生的本分，就是要花足够的时间在读书这件事情上。只要父母不放弃，孩子就还有机会。即使孩子都已经放弃了，父母也不可以。因为，孩子永远不希望看到父母放弃自己。

对孩子有所期望，期望他们打好求学时的基础，

为自己的将来，创造更多的自由和选择。

澳大利亚有人针对三千个中学生作研究，观察他们的学习动机、专心程度和做功课的状况。研究发现，父母对孩子功课的影响力比同侪大。所以，父母千万不要以为孩子没在听，就放弃对子女说道理——时常叮咛子女用功读书，持续关心孩子，都确实是有用的。

开出租车就好

“我的孩子才小学三年级，叫他读书不读书，却跟我说，将来开出租车就好？”这是一位来听演讲的爸爸的提问。

回答这个问题之前，让我先说个故事。那年我们要搬新家，新家在十三楼，家具里有一个长宽各两米的特大号厚床垫，如果要维持床垫的质量不变形，是不可以硬折进电梯里搬上楼的。于是搬家公司建议我另外付费，请搬家工人走楼梯。我很注意床垫的质量，因为它直接影响睡眠的质量，所以当然说好。

那年姐姐才小一，弟弟才刚进幼儿园。之前家里买过好几次大型电器，每回看到搬运工人的勇武模样，他们都好生羡慕，还说将来的志愿就是要当“搬家工人”。然后姐弟俩就常常在家里玩起搬家的游戏，两个人合力抬着什么大东西，还学搬运工人嘴里发出“来、来、来”的口令。小孩有板有眼的模样，煞是可爱。

那天，准备要抬床垫的工人已经在楼下集合好了，我赶紧带着姐姐弟弟下楼，四个硕壮的工人围着好大的床垫，还没出发呢，就听到姐姐弟弟在旁还“望床垫兴叹”，然后对四位叔叔投以敬佩的眼神。他们最喜欢的工作又来了……

光抬起这么大的床垫，就不是一件容易的事，要转过楼梯间的转角那更是有难度；四个工人一步一脚印地往上爬，我跟姐姐弟弟就跟在他们的后面，也一层一层地往上走。陡直的楼梯，硕大的床垫，再加上十三层楼，光看了都觉得这个工作好辛苦啊！一开始姐弟俩好兴奋，一边紧紧跟随，一边好生羡慕，嘴里还不时发出“好厉害喔”的赞叹声。我猜，这四位彪形大汉，可能从小到大也没听过如此大的鼓励吧。

床铺终于到家了，从此以后，再也没听姐弟俩说要当搬家工人了。空手爬十三楼，都气喘吁吁了，更何况肩上还有这么重的床垫。我对这样的工作者都是带有敬意的，但是任哪一对父母，都不希望孩子将来的日子这么辛苦。

言归正传，回到前面那位爸爸说的出租车司机。孩子说不读书，因为将来准备开出租车过活。

我会对他说："很好，出租车也是日常生活里不可或缺的交通工具。你既然喜欢，这个礼拜天我就先让你试试看当出租车司机的感觉。"别误会，我没有要威胁孩子的意思。你很认真地选定了将来的行业，我也要很认真地看待它。

"我又不会开车？"孩子回答。

"不要紧。我会包一辆出租车一整天，然后你就坐在司机叔叔的旁边，看到有人招手，就当作有客人，跳表一百二十元左右就代表乘客下车了，然后继续开，等下一个客人招手。”

一个要养家糊口的出租车司机，每天平均要开十二小时的车。我只要让小孩在车上坐一天，除了吃饭、上厕所外，统统坐在车上，而且不能睡觉，双手要假装在方向盘上左转右转……

面对不肯努力的孩子，如果父母肯给他们一些必要的磨难，让他们提早了解现实的残酷，对小孩的将来，应该是会有帮助的。

我有没有给过姐姐弟弟磨难呢？很少。我都是用说道理的方式，让他们慢慢了解用功读书是自己的事。说实在的，除了好好说道理之外，也别无他法了。因为如果你用权威将他们逼上书桌，如果他们心里没有认同，那也只是人在心不在。用功读书，是一点也逼不得的事。不是吗？

挽回脱序的孩子

“孩子明明有资质，可是不读书。读的高中也不错，但不用功。怎么考得上好大学呢？”

“那他不读书，都在做什么？”我问。

“打电玩、玩网络游戏。”

“为什么不禁止？”我问。

“没办法，孩子用骗的。下课跟你说去读书，其实是去网吧。”

尽量让小孩远离电玩，父母能守多久就守多久。

我知道要禁止小孩玩电玩，好像是不可能的事。但我想跟家里有小孩的父母大声疾呼：

不要主动买。家里不要有。也不要让小孩玩手机上的小游戏。

起先可以用“会近视”当理由，能拖多久算多久。

我敢说，迷上电玩的孩子，十个有九个，当初父母根本没禁止。父母想说别的孩子都在玩，玩一下又不会怎样。问题是，电玩游戏太好玩了，小孩子的自制力又不够，再加上现代父母通常没时间盯紧孩子的生活起居——等你发觉情况不对时，通常为时已晚。那些父母阻止孩子玩电玩，孩子就寻死寻活的新闻，如果大人可以早十年就提高警觉，大部分小学阶段的孩子都还是“很愿意听父母的话”的。

当姐姐弟弟还小时，家里没有电玩，而且大部分时间都是在学校或家里，所以他们是接触不到电玩的。等他们到了小学高年级会主动要求时，我就开始说道理。

即使孩子没法百分之百地接受父母的道理，也不代表父母就要妥协。到弟弟十三岁，我才让他买了第一套电玩，但是我们前前后后花了将近一年的时间在讨论这件事，直到弟弟自己说“一星期只玩半小时”，我们才达成共识。半小时？不要说孩子好可怜，我不是因为爱他，我需要花这么多力气跟他慢慢讨论吗？直接买给他不是最省事？请注意，我不是大吼一声地不让他买，我是用爱心和耐心跟他慢慢讨论，一直谈到双方都接受为止。

“怎么办？我的孩子已经迷上电玩了，现在阻止也来不及了，况且他会背着父母继续玩，这该怎么办？”

对孩子，就是永远都要好好说道理。首先我们要相信：大部分的孩子，在他们的内心深处，都希望自己能将书读好，但是心已经玩野的孩子，有时候也不知道自己要如何回头，所以父母需要坐下来好好地跟孩子谈，问问孩子，“爸妈可以怎么帮助你？”

我们一定要相信：当父母诚心要帮助孩子时，孩子是愿意接受的。

一次劝不了，就找第二次机会，两次劝不了，就找第三次机会，反正父母就是永不放弃地好好地跟孩子说道理。这样，我不信孩子不会被感化。当然，父母不能在气头上说话；双方心平气和，才能好好沟通。

话说回这个“明明有资质，可是不用功读书”的孩子。如果他是我的孩子，这是我假想的情境——

“你放学后，其实也很想去图书馆看书，对吗？但是，有时候就是忍不住又往网吧走去？”

“这样好不好？妈妈每天到校门口接你放学，然后我陪你走到图书馆，你在二楼看书，我就在一楼看报纸，你看到晚上十一点关门，我就陪你到十一点。”我将这个情境说给姐姐听时，她马上大叫，“这么大了，你到校门口接，多丢脸。”

“好，不让你丢脸，那我乔装打扮，你也别来认我，我会永远离你二十米远，这样可以吗？”只要你不主动来跟我说话，我可以当陌生人当到晚上十一点。（亲爱的，这时候可以一起回家了吧，这么晚没人会发现，不会让你丢脸了吧。）

大孩子的管教，不能用强迫的方式。其实小小孩也不能。但是我可以苦口婆心——因为用功读书是有时效性的，过了这段时间，你想重来也没机会了。我相信，只要父母好好地说道理，永远不放弃，没有挽回不了的孩子。小孩的心也是肉做的，有一个人这么爱着他，他不会不知道的。

所以我常说，当小孩小的时候，父母最好加倍地花力气陪伴、教导孩子，因为等到孩子脱序，要挽回就更累了。

挽回脱序的孩子，最有效的方法，还是父母不间断的关心。

不间断非常重要，如果父母的关心是三天打鱼，两天晒网，自己的工作一忙就舍下孩子，然后想起来再口头关心一下，甚至以为对孩子“发一顿脾气”就叫管教；光空想孩子自己回头，不花时间在孩子身上，那就是听天由命。父母的职责，绝对不能听天由命。

请牢记比尔·盖茨的叮嘱：“在小孩还没有建立阅读习惯以前，千万不要让他碰计算机。”

不是只有功课需要关心

汪老师，你有遇过孩子作业没写完的情况吗？昨天小一的弟弟作业没写完就想睡了，因为刚好我出差，等我回来发现他没写完已经来不及了。第二天早上六点我就挖他起来写作业。结果呢，他一直哭，一个小时只写了两行字，我都快气死了。只好写联络簿跟老师交代一下，就赶快送他去上学了。如果是你，会怎么处理呢？

如果小孩是初犯，而且悔意甚浓，一切好说。小一的孩子，可能玩着玩着就忘了功课，看是要明天早点起床补好，还是要到学校利用下课时间去补，都可以。请小孩自己决定，当然也请小孩自己跟老师说明。

“强迫小孩起床写作业”，还有“妈妈气得半死”，都是父母要极力避免的事。因为这样的举动摆明了：你比孩子还要紧张。

如果你希望孩子将学校的功课，养成习惯当成自己的责任，父母的第一个动作就是“不要比小孩紧张”。你可以紧张在心里，但是表面上一定要处之泰然。不然小孩很自然地就会产生错觉：天塌下来有妈妈撑着，功课不写有妈妈顶着。

孩子自己闯出来的问题，请孩子自己说怎么办？你说你要明天早上起来写，我就会帮忙叫醒你。如果你醒来却太想睡没办法写，我会让你继续睡，然后睡起来后问你要怎么处理？如果孩子愿意自己去跟老师说，我可能连联络簿都不写。如果要写，也可能只写“他的功课没写完，他说会跟你解释，也说会自己补好，还说下次不会这样了，请老师见谅。”

如果孩子在学校和家里两头骗呢？“我作业忘了带回家。”“我功课忘了带来学校。”那就不是“作业没写”这样的小事可以带过的了。此时，父母必须往源头找问题，而不是光停留在处罚孩子上。我想大部分的孩子，如果是漏写作业，只要不是故意的，都不用大惊小怪，让孩子自己去面对后续的问题，他们都能顺利解决的。弟弟曾经因为一项很大的报告没交，让该科总成绩从八十分掉到六十分，结果弟弟说他有交，但老师说没收到。好吧，弟弟当然有做，但后面的事就是罗生门了。为什么不快点再补一份呢？弟弟说成绩单发下来发现不对劲，跑去问老师才知道，所以来不及了。

“没关系，下次小心就好。”我说。至于下次要怎么小心呢？这问题就该留给孩子自己去解决了。因为发生这种事，他一定比我还懊恼百倍才对。

当孩子的课业真的屡屡出现问题时，父母别只将注意力集中在作业上，孩子日常生活上的每一件事都要关心才对。很多时候孩子需要父母的帮助，甚至是医生的帮助。过于爱动、注意力不集中、脑部发展有缺失，或是孩子只是需要父母多一点的爱……我们不要这头猛逼孩子，后来才发现孩子那头可能比你更无奈。脱序的孩子，就是需要大人关心的一群，只是他们不知道要开口求救而已。

父母对孩子这个“人”的关注力，
要比关注他的“功课”多更多。

考　试

“孩子要考试了，父母可以怎么帮忙呢？”

对刚入小学的孩子来说，如果上课专心，功课认真做，考试应该就只是检验他们哪里没学好的媒介而已。经过一次又一次的考试，让孩子知道，自己哪里不会，哪里还要加强。这个过程，因为需要孩子自己去慢慢体会，所以从一开始，我也不在孩子的考试上使力。

记得姐姐小一第一次月考前，她先是回家宣布这个“喜讯”，接着该周周六早上，她就搬了一堆课本进了房间，“你们不要进来打扰我用功读书喔。”然后自己窝在房里三个小时才出来，出来的时候还沾沾自喜地说考试准备好了。我很感动，也觉得很好笑，妈妈对考试从没说过什么话，这孩子怎么知道考试是要准备的呢？

哎呀，父母不用太强调这些跟功课有关的事，也会有旁人帮你强调的。可能是爷爷会说，“你上小学了，要好好用功读书喔。”可能是奶奶会说，“你看看美国的堂姐各个都拿奖学金，你也要像她们一样喔。”可能是老师会说，可能是阿姨会说……中国人的孩子，我看打从娘胎起，听得最多的言论就是这一种。也说不定姐姐天生就是会读书的料，所以我得先冷眼旁观，给孩子自主自发的机会。

等到第二次月考，这小姐变本加厉，竟然要求我星期六带她去图书馆。

天啊，“你为什么要去图书馆？”

“用功读书的人，不是都要去图书馆念书的吗？”

然后我就真的带着她和弟弟去了大安森林公园旁的台北市立图书馆。那天，姐姐还要求自己坐一张桌子，说大家坐在一起会打扰到她。她整整待了一下午，才来跟妈妈说：“我读好了，可以回家了。”她到底读了什么，我从头到尾都没插手，只是偶尔走到她旁边，摸摸她的头，说，“像你这么认真的孩子，要去哪里找啊！”

不用高兴得太早，整个小学六年，这是她第一次，也是最后一次去图书馆准备考试。原来她只是想装大人啊。没关系，你喜欢就好。这是你的事，你自己决定就好。

虽然我对小孩的考试抱着“事不关己”的态度，可是，小孩考完试发回来的考卷，我可是会一张一张地仔细看的。想建立孩子读书的好习惯，父母也要先给孩子建立下面这个正确的观念和方向——

“不管你的考卷是几分，每一题错的，你都需要弄懂。考试最重要的功能之一，就是让你知道什么地方还不懂、不会。千万不可以错了就算了。你考几分不是最重要的事，错误要订正、弄懂、学好，才是最要紧的事。”所以小学一开始，我会跟孩子逐项检查考试错误的地方，到确认他们完全没问题为止。

有时候，父母不一定要说教，当你愿意花大量的时间在某一件事情上，孩子就知道什么是重要的事了。就像孩子学校的活动，不管是家长会或运动会，我从来不缺席。你看重孩子的活动，就等于你看重他这个人。

“被别人看重”，也是孩子愿意努力上进的一种动力。

这是“帮孩子准备考试”里，我唯一做过的事——刚入小学的第一年，月考前夕，我会跟孩子确认，语文课本上教的每一个生字，他们都已经熟悉会写了。其他的学习，或许可以靠上课专心，但是写字这件事，非得练习才能熟悉。虽然平时做功课他们都练习写过这些字了，但是我想帮他们确认一下，也可以顺便确认他们的笔顺正不正确。计算机时代，还有人在乎笔顺吗？我还在乎。所以弟弟每次写“口”时，如果是偷懒来个逆时针画个不太圆的圆圈，都会被我碎碎念。

于是考试前，我一个字一个字地念，他们就写给我看。一次月考大约有六课课文的生字，有时候他们真的都会，那就过关得很快；偶尔遇上不会写，或写错，或犹豫的字，我不会埋怨一句话，立刻当场写一遍给他们看，然后要他们马上再写五遍加强一下。所以这件事对我和孩子来说，是三两下就可以完成的轻松事。

当成绩单发下来的时候，我也会仔细地看，一科一科地询问孩子，成绩好投以嘉勉的眼光，成绩不好勉励孩子下次要加油。我只能说，家长只要关心孩子生活起居——睡眠充不充足、学习有没有问题、交朋友顺不顺利、运动量够不够、饮食健不健康，只要生活的一切都在正确的轨道上，通常孩子的学业，他们自己都可以负责得很好的。

考试是孩子的事，可以口头关心，但能不插手就别插手。

我觉得孩子上学后，我反而更轻松，原因就在这里。我只是很简单地跟孩子站在同一阵在线，你考好我跟你一起高兴，你考不好我跟你一起讨论。然后父母的工作就是，“勉励孩子多加点油，下次一定会更好”。

后记

送孩子上下课，也是关心孩子学校生活的一种方式。当时姐姐才小一，所以每天就只有我俩手牵手一起上学。她的教室在三楼，一开始我会陪她走到教室门口。有时候一进校门遇到同班同学，她就会说自己上楼就好。渐渐地我会在有同学加入时就主动停下脚步，然后姐姐会在转入楼梯的地方，远远地转身跟我挥手说再见。可是姐姐不知道，当下说完再见后，我并没有立刻走掉，只是后退一点，然后呆呆地望着三楼的走廊，也就是姐姐教室前，好像眼睛可以透视她走进教室似的。有一回，真是奇迹发生了，正当我望着三楼时，姐姐竟然在走上三楼后，挺着她小小的个头，探出头来跟我打招呼呢，当时我真是喜出望外啊！她是怎么知道我还没走掉的呢。

真希望时光可以倒回到那一天，让我再瞧一眼她小小的可爱模样。

真是希望。

盯　紧

有父母喜欢盯紧孩子的每一项功课、考试、成绩，丝毫不想松懈。我也不敢说这有什么错。

当我认识这个妈妈时，她的老大已经初三了，平时我不敢晚上打电话找她，因为她晚上的时间，都要陪孩子做功课。我从来不盯孩子的功课，但我也不反对她的做法。

她没让老大去补过一天习，初三后，她帮女儿复习英文，先生复习数理化。两个女儿的功课都在轨道上，一个热爱小提琴，一个热爱画画；孩子顾好功课的同时，课余闲暇都还可以播出时间让自己的兴趣得以发展。挺好的不是吗？

可是这个妈妈有一个天赋，如果你没有，这种紧逼盯人的管教方式，需要慎重考虑后再使用。因为这个妈妈的脾气非常好，几乎不会对小孩发脾气，可能连抬高八度音都不会。总是充满耐心的妈妈，还可以随时解答功课上的疑问，孩子不会拒绝的。不过她说，先生的脾气就没这么好了，常常教着教着就要发脾气，所以即使不是轮到朋友教孩子，她也会“随时待命”，只要听到先生的音量有提高的趋势，就会走过去“坐镇”——以备随时将先生的怒火浇熄。你知道吗？孩子的功课如果由爸爸负责时，很多妈妈都有这种随时要冲出去“镇压爸爸”的体验。

结果朋友的小女儿上初中后，就完全不用父母帮忙了。这个朋友只是陪伴和教导，不是一步一脚印地死盯着孩子。程度上的拿捏，还是要注意，免得最后盯出一个“只要父母帮我负责就好”的孩子，那真是要欲哭无泪了。

很多父母可能以为尽责父母的表现之一，就是帮忙盯着小孩的功课。侄子小学四年级时，渐渐会因为功课跟妈妈发生争执，原来从小一开始，他妈妈就会每天帮小孩检查功课。其实，侄子天生个性严谨，字写得端端正正，回家自动写作业，即使客厅外面大家都在嘻嘻哈哈玩乐，他也可以耐住性子等功课做好才出来玩。于是我建议弟媳，试着不要检查孩子的功课，放手让孩子自己负责。“我现在都没有管了，他自己也管理得很好。”没多久，弟媳急着来报告。

父母先忍着点，放手给孩子机会，说不定事情很快就会往正确的方向去。自己省了事，也教会了孩子对自己负责，不是很好吗？

让孩子以自己为荣，比你以他为荣，更重要。

“如果小孩是一副满不在乎的样子，才小学低年级，就整天让老师写联络簿纠正，功课不写、不交，还会拿乱七八糟的理由来搪塞，这该怎么办？”

已经严重脱序的孩子，都不是一天两天的事，所以此刻父母一定要每天看联络簿，不用帮孩子检查功课，但至少要确认都写好了。更重要的是，父母要下定决心，在一段长时间里，可能是半年，都必须持续不断地加倍关心孩子，绝不能让自己有半点松懈。我看似没花什么力气在姐姐弟弟的功课上，其实我的轻松，是日积月累关心孩子的结果，并不是凭空从天上掉下来的。

当小学阶段的孩子，生活上脱离了常轨时，他们可能也不知道要怎么回到轨道内，所以这时候父母一定要花加倍的时间关心孩子。不只是功课，跟孩子有关的全部事情，都要关心。甚至，父母有一方要放下一切，直到确认孩子回到常轨上，才能慢慢放手。那种“三天打鱼，两天晒网”的关心方式，只要自己一忙就撇下孩子，然后看到孩子出状况才又气急败坏，是最糟糕的。这就是为什么有这么多父母和孩子，一路上都是跌跌撞撞的原因。

另外还有一点想提醒：父母对孩子无计可施的时候，就是最容易下手打孩子的时候。我想请你千万三思而后行，原因是：我们会以为处罚孩子就是尽了做父母的责任，然后忘了问题根本还没解决。因此习惯仰赖处罚的父母，常常会让问题失焦，一头走进了教养的恶性循环里，这是面对脱轨的孩子，父母最要注意的地方。

大人应该将重心放在发现问题和如何帮助孩子上，而不是威吓和处罚。

不能打，那怎么管呢？呵呵，《管教啊，管教》里的“好好说道理”，在小孩离家独立前，统统都适用。

分 数

既然我说我也希望孩子上台大、进哈佛，那我就不可能对孩子说什么分数不重要的话。这种话我会先放在心里，万一孩子天生不是读书的料，即使努力过了考试还是满堂红，那时候就可以拿出来安慰或鼓励孩子了。当孩子一切都还未定型的时候，这种话父母就不要说。

虽然我认为孩子在小学阶段，玩乐时光是很珍贵的，我也鼓励孩子尽情玩耍，但是我不可能对孩子说“现在好好玩乐就好，分数成绩不重要”之类的话。因为读书和玩耍，两者是可以平衡兼备的。

当姐姐第一次月考成绩发下来的时候，小一一开始好像只有三科，应该都没有一百分，我会跟孩子逐一检查错误，也趁机了解孩子的学习状况。很多父母只要看到别的同学拿的是一百分，就希望自己的孩子也要比照办理。但我不，因为我心里是这样想的：这么小的孩子，犯点错是可以被忽略的，甚至粗心，我觉得大人也应该接受。

还记得那次跟姐姐一起检查错误时，语文学科有一题连连看：耳朵长长、喜欢蹦蹦跳跳的是什么动物？姐姐竟然选了大象。以我对孩子的了解，她不可能不选兔子啊。姐姐解释说：“我一看到耳朵长长，就想到大象，然后就没看后面写什么了。”但是从此，我俩只要一聊到这只会蹦蹦跳跳的大象，都会开心得不得了。

“下次不要粗心，你就可以考一百分了。”这句话我不会对孩子说，而且也不让家里的其他人对孩子说。现在的孩子，哪个不知道你们大人最喜欢的就是“一百分、第一名”，孩子如果能不粗心，他们不会故意粗心的。有可能是思虑还不够周密，有可能是天生个性大而化之，大人要给小孩机会啊。不要在孩子人生才刚起步的阶段，就急急忙忙地去帮孩子贴负面标签，这是不智之举。

有次月考刚过没多久，校门口才接到姐姐呢，她就马上开始报成绩，其实她考得不好，但可能不想吓到妈妈，于是先从最好的成绩开始报告，考不好的科目就很快带过。但看得出来，她心里有难过，嘴里也懊恼自己没考好。当下我没说什么，因为“生米已煮成熟饭”，父母不该在孩子难过的当口，火上浇油。

我还记得，当晚不知道什么原因，姐姐弟弟可以看一部DVD电影，但我要姐姐先跟我检查完考卷才看。当时我们俩就挤在她和弟弟的双层床下铺，我们一科一科地看，一题一题地讨论，当姐姐拿出那张七十几分的社会考卷时，她还有点不好意思呢。最后，我要让她去跟弟弟看电影的时候，对她说了一句话，直到现在，我还记得她那难以置信的神情，我说：

“妈妈要给你一个星星（那是我给孩子的一种奖励方式）。”

“为什么？”

“姐姐，你有没有发现，你刚刚跟妈妈讨论考卷的时候，一点也不急着要去看电影，好认真啊。”我奖励的是她的态度，而不是分数。

我们花了将近四十分钟，她那认真的态度，让我动容。我接着跟她说：一次考坏不要紧，最要紧的是考完后你要将不会的全弄懂。这是安慰，也是鼓励。我愿意跟孩子一起花时间在她的功课上，她不会不知道下次要尽全力考好的。

只要孩子的学习态度是正确的，通常成绩也不会让你太操心。

在这里我想提醒父母一句：现在小学的考试，有时题目非常灵活，不像我们小时候只要死记死背、猛做运算练习就可以，所以别总是用一百分来要求孩子。对刚入学的小孩来说，他们的学习态度是正确的，大人就该觉得欣慰了。例如，我记得小二姐姐的社会科有一道是非题，大致是这样的：邻座同学非常调皮，常常被老师处罚，我为了避免受牵连，他调皮恶作剧时，我最好袖手旁观。姐姐在答案上画的是圈。

“姐姐，这题你为什么觉得是对的？”

“对啊，因为我想到我旁边的沈 ××，他就是这样，每次老师在骂他的时候，我都好害怕。我都好怕老师也骂到我哟。”孩子啊，考试看题目就好，不要想太多了。

你说，孩子这道题错了，有什么关系呢？只要孩子的解释可以支持她的答案，我都会跟孩子说，“妈妈算你对。给你加两分。”但是我也会跟孩子“明说”：“这就是我们的考试制度，有时候不是你错，而是题目有瑕疵。所以下回看到题目里有‘袖手旁观’这类负面的用语时，要小心一点，通常答案都是叉叉。你再观察看看。”

小学生的考题里，这样的例子不胜枚举。但是我从来不会抱怨老师或学校。台湾小学不算平时小考，一学期要考三次大考；西方孩子呢，平时小考不多，一整年就一次大考。所以我们的老师要花更多的力气出考卷和改考卷，更别提每天还有好多作业簿要批改。考题难免有瑕疵，不需要太苛责。当然，你也可以去跟老师据理力争，如果你的力气用不完的话。

最计较分数的，到底是父母，还是孩子？有没有遇过父母因为自己的孩子被少算了几分而去学校找老师理论的。有一回姐姐语文考了九十八分回家，我问她哪里错了，她说有个字被老师画叉，可是她只是没擦干净写在旁边，老师没看到。然后我问她为什么没回去跟老师说，她说因为考卷一发下来，她以为自己错了就将答案擦掉了，要重写时才发现自己写的是正确的。嗯，这时候妈妈该说什么呢？

“没关系，少两分不要紧的。”

后记

如果父母的眼里只有分数，就会不自觉地将小孩的缺点放大、放大、再放大。但是很多所谓的缺点，都只是暂时的现象而已，反倒是父母大张旗鼓地提醒，却可能让孩子在心里留下对自己不可抹灭的负面印象。孩子的人生一开始，就对自己有了负面印象，大人这样不是在帮倒忙吗？

读书第二

不要说两分了，少零点五分都不行。因为考试少了零点五分，可能就会从北一女高掉到中山女高了。多年前，孩子提起下面这件事，我不知道是要哭还是要笑。这样的孩子不是天生的，绝对是家长分数至上的错误观念造成的。

那天小三的姐姐放学回来，很高兴地跟我报告说，本来今天语文考了一百分。“本——来？”

当她喜滋滋地看着自己的考卷时，邻座的好朋友凑上来，发现了考卷上有一个错字，接着，这个同学没问姐姐，抓着考卷就跑去给老师扣分……事隔七年，我对这个故事还是有种哭笑不得的感觉。我记得姐姐当时回家说这件事的表情很平静，当我问她心里的感觉时，她说本来就是错的，没有一点责怪同学的意思。

做人第一，读书第二。这是我教养孩子的原则。你考试可以考不好，但如果今天是做人态度有问题，妈妈可是会当场翻脸的。欺负同学、耍小聪明、说谎逃避处罚、遭老师纠正却嬉皮笑脸……这类事不论大小，我都会优先处理。

“书读不好”事小，“做人失败”事大。

可是不知怎么地，现在连很多大人都弄不清什么叫“做人失败”了，甚至不管发生什么事，第一时间就是先帮孩子找借口。有次演讲我说完了上面这个故事，一个爸爸说：“小孩天真，发现错误就觉得该扣分，没想这么多。”乍听之下，似乎成理。但仔细想想：如果不是大人给孩子“分数至上、赢过别人”的观念，那个孩子会这么急急忙忙地去帮别人的考卷扣分吗？又如果，这张考卷是她自己的呢？

不只是自己孩子犯的错，当我听到别的孩子的错误行为时，也会拿来当作教材教育我的孩子。我不批评她的同学，当下，我马上反问姐姐：“今天如果是你发现别人的考卷有错没被老师发现，你会怎么做？”姐姐说：“我不会不问就自己拿去给老师，我可能会说，你这里有错。”言下之意，你自己的事，你自己看着办。这就是做人的分寸吧。

小孩的价值观来自哪里？

当父母眼里闪亮亮的都是分数时，孩子自然不会将其他事情放在眼里。

当父母喜欢用暴力让孩子服从时，孩子自然不会觉得正义总是站在对的一方。

当父母无法传达正确的价值观给孩子时，孩子也更容易被社会上混乱的信息所误导。

读书很重要，做人更重要。期望孩子考试得高分没有错，但是除了分数之外，还有很多其他的事情，对孩子也一样重要。

考卷上的分数，只是过眼烟云；

孩子用什么态度做人，才是一辈子要学习的课题。

后记

“如果因为差了零点五分，上不了第一志愿，不是要惋惜一辈子吗？”

千万不要。

我大学联考，明明也没失常，但就是上了跟预期有差距的学校。但是我一点也不难过，还是喜滋滋地去上学了。因为上了这个大学，我才去了美国那个研究所，因为美国那个研究所，我才嫁给现在的先生，因为现在这个先生，我才有机会回家带孩子，因为回家带孩子，我才发现自己有写东西的天分……人生就是一环扣一环，只要中间有一个环节走了别条路，结果就可能完全不一样了。所以少了零点五分，是该捶胸顿足，还是放鞭炮庆祝，很难说。人生哪，走哪条路都好，只要认真地往下走，都会是幸福的道路。

测验卷

“你赞成让孩子写测验卷吗？”所谓测验卷，就是一种考卷，是正式考试前给学生复习用的。有时候测验卷是由老师发下来全班一起写，写完一起订正。有时候是发回家自己写。还听说有家长会将坊间各式版本的测验卷全都买回家让孩子写，这是帮助孩子吗？我不敢苟同。

反复地做类似的题目，让孩子熟悉各个类型的考题……初中生我不敢说，因为他们要面对升学；如果是老师规定的，我也不想说什么；但是我绝对不可能主动去买测验卷回家让孩子写。一张也不会。因为我内心深处相信一件事：

要摧毁小孩的天赋，最快的方法就是让他整天有写不完的东西，不给他一点喘气的机会。

如果是孩子主动要写呢？我也不会反对。因为有的孩子天生喜欢将成绩拼到顶尖，既然自己爱，那就是个性使然，所以另当别论。姐姐从小就不排斥考试，甚至在家里闲来无事还会主动制作各种考试卷，让弟弟来作答。她曾经将哈利·波特的故事情节编成一张张考卷，等弟弟考完后，就有模有样地拿起红笔来打分数。最后弟弟厌烦了姐姐的把戏不想写什么考卷了，姐姐就订出几分可以拿什么奖品的游戏规则，来“利诱”弟弟继续配合。所以弟弟到现在还对姐姐当初逼他“考试”的行为耿耿于怀，说自己的姐姐心理有毛病。

后来我才知道，小三的侄子也喜欢自己出考卷。但是他的弟弟太小了，于是他只好自己出题，自己答题，最后再自己给自己打分数。但是他每次玩这个把戏时都被他爸爸碎碎念，意思是，这种没营养的事情你怎么这么爱。不要紧的，只要不是坏事，孩子有兴趣的事，我都乐观其成。

香港的国际学校，小学部的考试不多，当姐姐上到初中部后，第一次学校公布要大考时，她那兴奋的模样，会让你怀疑她头脑正常吗。她先是逢人就说她有大考试了，接着花上整个晚上制作一张“复习功课作息表”，画画弄弄做好了之后，还来跟我说要影印好几张，“做什么？”最后她除了自己的房门口，爸爸妈妈的房间里、浴室门口、厨房门口都贴上一张，“这样才能提醒我要努力用功啊。”我心里暗笑，“你最后不会读书的时间加起来，比做这个什么表的时间还少吧。”最后我的预测真的八九不离十，但我还是乐观其成，什么丧气话也没对孩子说——小小年纪，就知道做事要先规划，将未来两星期放学后的时间都排得好好的，这种精神，就值得鼓励。

对于还在小学阶段的孩子——

我不赞成补习。

我不赞成上托管班。

我不赞成写测验卷。

我不赞成读参考书。

反正要孩子多花时间在功课上的事，我都不怎么有兴趣。因为童年时光有限，我必须替孩子把握。

只要他们上课可以专心，下了课可以认真写作业，我认为小学生每天上课的时数已经足够了，每天待在教室里的时间也已经足够了，其余的时间，就应该给孩子自由。给他们自由看书、自由玩乐，到户外跑跑跳跳的自由……

“可是我的孩子上课不专心，下了课也不认真写作业，所以考试都一塌糊涂。”——这样的情况，也不是靠多补习、上托管班让老师盯功课、回家多写测验卷能解决的。因为只要不从“培养孩子”方面下手，这些外来的力量，都只是治标不治本。

孩子为什么对自己的功课漠不关心？会不会就是因为被填鸭式的教育压得喘不过气，才让孩子对跟学习有关的事，都兴趣缺失呢。除了学校规定的东西，父母不要求好心切地又加上更多的功课。

让孩子的身心常常得到充分的释放，就是孩子喜欢学习的动力之一。

家长的身心呢？

也需要充分的释放。当家长的身心都被卡在小小的框框里时，小孩也很难开朗得起来的。怎么释放？假日多多接触大自然，应该是最简单的方法之一。

作文能力

小孩子需不需要写日记？不需要。尤其是小学生，更不需要。但是为什么有这么多家长要求小孩写日记呢？因为写日记可以训练作文能力，将来考试需要这种能力啊。

日记原来是一种自己对自己生活的记录。如果自己不想写，而是被迫的，那不叫日记，叫作业。很多小学生的回家功课之一，就是写日记。

在孩子入小学之前，我有一个观念，老师出什么功课，我绝对不干涉、也不批评。姐姐小一的老师没出过写日记的功课，但弟弟的一开始就有。

刚开始，弟弟被要求的日记是，一天一句话就好。然后没多久变成一天三句话。可是当弟弟还在一天写三句话的时候，有一天他回家告诉我，班上有同学已经写一整篇日记了。是孩子自己爱写吗？你我都知道，概率不大，多数都是父母要求的。“一天才三句，进步得太慢了，所以我就自力救济，要求孩子多写。”

姐姐小一的联络簿，还出现过这样一张小纸条：“作文要好，不是光多写就会好。要写出自己的真感受，才能感动人；能感动人的文章，才叫好文章。多阅读才是小学生应该要下的基本功。”想必是家长要求老师要小孩多写作文后，老师的回应。

当一个人的阅读量不够时，能写出什么好文章呢？小小的孩子，不花时间多阅读，只要求他写写写，这些眼前看得到的东西，只有安慰父母的效果。你不怕小小的孩子会因为过多不属于他们的负担，而坏了他们对写作的兴趣吗？

所以，我当然是不赞成孩子去上作文课的（学校里的练习还不够吗）。每堂补习来回少说三小时，拿来看课外书不是更好？尤其是小学中低年级，写字的小肌肉又还不发达，你硬是要他们写上一篇文章，“手酸了”事小，“心累了”事大。

好了，在我这种“不要求孩子多写”的教育理念下，几乎从来没有什么作文练习的姐姐，小六主动开始写起了小说，然后事情一发不可收拾。她说，写作是她一辈子的兴趣。而且她还说，那不会是她将来的谋生工具，因为她说“谋生”二字会让她的脑子一片空白，什么也写不出来——非常有主见的小孩，对吗？有自己的见地，就是写出好文章的先决条件。

曾经看过几个孩子的学校作文，分数不错，但看了之后却有些担心——文章用字遣词，没问题，故事铺陈，也没问题，但问题出在——这篇作文真的是孩子内心的感受吗？为什么从小到大，我老觉得自己常常看到似曾相识的文章和笔调呢？好像就是语文课本里八股作文的翻版嘛，所以分数当然不可能低啰。

姐姐弟弟在香港的国际学校也有中文课。虽然时数不多，但他们已体悟到，中文作文要拿高分，先要讨好老师。“老师喜欢成语、优美词句。妈妈，你觉得感动人的文章是写内心的感受，可是老师不喜欢哪！”他们好几次跟我抗议。

日记、作文，或是作文课，在不适当的时机写太多或上太多，不见得是好事。坊间的作文老师，自己能写文章的，比例有多少？你确定他们教的不是样板文章吗？再仔细想想，会写文章的人，也不见得可以教你写作文，对吗？应该这么说，作文能力并不是上上课就可以达到的。所以我更担心的是，补习作文不但不能指导孩子，还可能将孩子导入不对的方向。

最明显的例子就是，你可以看到很多老师在文章旁边画的嘉勉红圈圈，他们多数圈的，都是官样八股啊。什么成语、优美辞赋，写好文章的第一步，不是这些东西吧。依照内心的感触来写，才是一个正确的方向。文笔不够好可以慢慢磨炼，但那个磨炼不光是动笔写，还要多阅读，让脑子累积足够的字汇，和自己的想法；甚至多跟孩子天南地北地聊聊天，都比关在教室里上课要好。

人人都会写作文。只要你会说话，就会写作文。

在孩子幼儿园阶段，我会请孩子写感谢卡给老师。上了小学，有段时间我还是这么做——虽然他们会写字了，但我请孩子用嘴巴说出要对老师说的话，他们一边说，我一边一字不漏地写下来，最后洋洋洒洒一张卡片就完成了。你也可以试试这个方法，来训练小孩的作文能力。你可能会很惊讶，小孩嘴巴里自然说出来的话，常常就是最美的东西（甚至连一个字都不需要修改）。我还记得姐姐幼儿园中班时，我从她嘴里抄下来的一张教师节卡片，大概就五六句话，竟然句句撼动人心，令我叹为观止。如果我当时要求孩子自己动笔呢，我猜她是无法完成那张卡片的。因为当她好不容易写完第一句，早已忘了第二句要说什么了，更何况是第三四五句呢。

我不知道有没有人发现这件事？将脑中的想法用嘴巴说出来，和用纸笔写下来，是需要不同的成熟度和能力的。前者当然比较容易，算是写作文的暖身动作吧。如果孩子愈说愈顺，等将来小肌肉的运笔能力更好、大脑也发展得更成熟时，再一起配合写成作文，这样会更事半功倍。

当小孩脑子里还没有什么东西好写，再加上小手的运笔能力又不成熟，硬是要孩子写出一篇篇的作文来，我觉得大人这样的求好心切，必须适可而止。不是作文不能多写，因为每个叫得出名号的作家都是多写的结果。但是，你知道他们在这之前，累积了多少的阅读量吗？没有一个写作能手是不看书的，这应该是放之四海皆准的道理吧。

慢慢来，孩子作文能力的养成是要慢慢来的。即使最后不能写得一手好文章，至少写上一张发自内心的祝贺卡片，让收到的人觉得温馨和感动，应该是人人都能做到的事吧。

多阅读，增加让脑子触类旁通的机会，

才是作文能力的基础。

后记

虽然我从小就是一个“会读书”的孩子，可是我的作文成绩，一直都是平平，不好不坏。印象中，从没写过任何一篇“得到夸奖”的作文。为什么后来我能写出让读者喜欢的东西呢？没人知道答案，只有我的母亲这么说了：“你每天帮孩子念这么多故事书，而且持续念了将近八年。这些大师的文章，你是一读再读，你的写作能力，就是从那里建立起来的。”没有高学历的母亲，却可以有这样的独特观点，佩服。我相信母亲的推论可能是对的。

期望与年龄成正比

那一天，看着舞台下的父母们，我突然发现，孩子愈大，父母的关心愈少。

学校的表演节目按年龄排列，从幼儿园到高中部，当舞台上的小孩愈小，舞台下抢着照相的父母就愈多。当时姐姐弟弟已经小学了，舞台下还有些父母在钻动，再往更大的孩子，父母的人数就愈来愈少……

看看家里的照片数量也会发现，父母拿起相机帮小孩照相的比率，也是随孩子的年龄递减的。看看父母帮孩子报名上才艺课的比例也会发现，一开始，什么才艺都想让孩子碰一下，但随着年龄渐长，就慢慢地放弃了……

当孩子还小时，我喜欢用轻松的态度来面对养育这件事；健健康康、活活泼泼、高高兴兴，就是我对小孩全部的期望。所以我一点都不热衷送孩子去上才艺课。连没压力的才艺我都没兴趣了，更别说其他的补习。让小学生去补习，是短视近利的方法。塞给小学生一堂接一堂的补习，根本就是揠苗助长。小学阶段就让小孩穿梭在教室之间，你不觉得哪里不对劲吗？

补习班给孩子的，顶多是考试可以得高分的能力。就拿学英文来说，只要补习班的目标是放在考试成绩上，你就要有心理准备，它最终不只没法让孩子得高分，还可能毁了孩子对一种语文的兴趣。数学也一样，小学阶段应该重视思考、逻辑能力的培养，而不是反复的练习运算。

父母对孩子的期望，要与孩子的年龄成正比。小学阶段，是大能力的发展期，我们要给孩子更多空间去探索自己，这时候不要对成绩有太高的期望，身心平均发展更重要。这样，才能在童年阶段，帮孩子建立更好的“心理素质”。

心理素质是什么？就是人生遇到压力、挫折、困境、抉择时，正确面对的态度。这些不是补习班和一间间的教室可以给小孩的。

升学竞争不是不需要面对，但是，我愿意帮孩子尽量延后。

等孩子快要进入初中前，我会慢慢加深我对他们的期望——

好好用功，取得好成绩。因为联考当前，你不得不努力了，况且童年已经过了。随着孩子的年龄愈大，我们得告诉孩子，人生除了玩乐，还有责任。父母对你有期望，你对你自己也要有期望。等过了青少年，人生就要由你自己全权负责了。“少小不努力，老大徒伤悲。”这句话不是口号，它是真的。

每个父母都希望看到自己的孩子有好成绩，但是，我们不能操之过急。父母的力气也别太早就用尽。小学阶段，让小孩处在五育并重的成长环境里才对，因为它是人生里最不可错过的一段幸福时光。

后记

大人也想让自己拥有更好的“心理素质”吗？最简单的方法就是多看书。我认识一个眼镜行的老板，他是我见过最有气质的眼镜行老板，说话有点台湾腔，但风趣又富有哲理；毫不起眼的老店柜台下，书店里的畅销小说，他都看过。初中以前让小孩多看课外书，这件事我好像说了五百遍，我还是想再说第五百零一遍。

老师也需要鼓励

不管我之前听过了多少关于坏老师的新闻或传闻，从姐姐弟弟开始上学，我心里就笃定地认为：孩子遇到的每位老师，都是好老师。

不说香港，光说台湾就好，姐姐从幼儿园到小三结束，他遇过六个每天要长时间相处的导师。每一个都是好老师。我常常怀疑，会不会是我们用“好”的眼光去看待对方，对方就坏不了了。这个说法有点玄，但为什么这么巧，姐姐弟弟遇到的都是好老师呢？

姐姐幼儿园中班的老师说，如果她能有个女儿，而且她可以选择的话，她要选我女儿当她的孩子；姐姐幼儿园大班的导师，是她提醒我，女儿的听力有问题。姐姐小学一年级的导师——她的学生现在已经十五岁了，每年还是会搬出“她为什么会这么爱这个老师”的故事来说——

“有一天早自习，婷婷老师走到我的身边，偷偷在我桌上贴了一张便利贴，上面写着：小可爱，等会儿下课来找我。”等女儿到了老师面前，原来老师要给女儿奖励的小礼物，但又怕女儿不好意思，或是别的同学没有会难过。

弟弟小一的导师是得过优良教师奖的。听到这样的头衔，起先我有点怕，优良教师该不会就是严格老师的代名词吧？结果每次看到她跟学生说话的眼神，就觉得一个慈母也不过如此。但是，比较同时期姐姐的功课，弟弟老师出的比较多，例如小一语文功课通常只要写生字，比较难的认读字是不需要写的，但是这位老师规定都要写。我不喜欢孩子多写作业，所以这时候我可以抱怨老师不体谅小孩吗？不，我不能。我打心里尊重每一位老师的做法。姐姐遇到功课出得少的老师，那是她的命，弟弟遇到功课出得多的老师，也是他的命。况且所谓的多，也只是多写个十来分钟吧，孩子能不能适应？当然能。我从来不拿自己的教育标准来评价老师。老师的做法，我倾向保持尊重的态度。

“不喜欢这个老师的做法，就在小孩面前批评老师。”这是家长万万不能做的事。如果是孩子喜欢批评老师呢？请先检视一下家庭环境，通常喜欢抱怨的孩子，都不是天生的。

有一回，弟弟不知跟我聊什么，突然提到最近在学校里鞋带老是松掉，那时我们已在香港，弟弟已经小学三年级，导师是位加拿大人，“我还不太会绑鞋带，于是就跑去请老师绑。”

“什么？叫老师帮你绑鞋带？”

小学三年级了，还敢请老师帮你绑鞋带，你又不是幼儿园的小朋友。

“对啊，老师就叫我把脚举起来，帮我绑了啊。”

“老师没说什么？”“没有啊！”据说前后还绑了四次。

很小的一件事，但我非常感激老师的爱心。因为孩子之前的球鞋都是魔术毡的，不需要绑鞋带。“自己不练习，要老师帮你绑一辈子吗？”中国的大人们喜欢将事情想得过度严重，到最后，还有哪个人是不会绑鞋带的？是小孩一直要跑跑跳跳，可能鞋带松了十次，刚好遇到了老师帮他绑了两次；不然也可能是自己已经快要被总是松掉的鞋带逼疯了，才请老师帮忙……这些小事，我统统会写小卡片去感谢老师。

遇上这些好老师，请家长要不吝赞美。学生需要鼓励，老师也需要。

尤其在台湾读公办小学，更要加倍感谢老师。怎么说呢？大致上台湾公办小学和香港国际学校的老师一样好，都很尽责，也很关心学生。但是台湾老师的工作量更大，因为需要批改更多的功课和考卷。然而后者的学费却是前者的两百倍。学费只有别人的两百分之一，但是台湾老师的质量却不打折。

每当孩子回家告诉我任何跟老师有关的事，例如老师今天说了什么好笑的话，老师请全班吃了什么好吃的东西，老师破例带全班做了什么好玩的活动……任何鸡毛蒜皮的小事都没关系，只要我听了心里有感动，我都会特地找张小卡片写给老师，或是在联络簿上留言表达感谢。一个老师要面对全班二三十个小孩，还可以让你的孩子回家笑呵呵地跟你说故事，我会忍不住一定要将这份感动分享给老师知道。

“帮忙照顾孩子的老母亲累倒了，然后自己喉咙又需要开刀，再加上孩子还小也需要妈妈，原本我已经要辞职了，就因为看到你的卡片……”这是姐姐小一的导师对我说过的话。我写卡片给老师，只是要表达我的感谢之情，没想到却意外地留下了这么一位好老师。

“我不会写东西，也从来没写过，要写什么给老师呢？”很多家长跟孩子一样，遇到跟“作文”有关的事情就开始紧张了。“不需要什么文采，只要你会说话，将你心里想说的话，一五一十地抄到纸上就行。不要管上句有没有接下句，不要管词句有没有优美，我们说话时可没想这么多吧。”

“要感动别人，先要感动自己。”只要将你心里的感动写出来，最浅白的文字，就是最美的文字。

父母要多看孩子的优点。对老师，也一样。

不要用圣人的标准来评断老师。也别指望老师去帮你管教孩子。家长一对一都管不好孩子了，怎么能祈求一对三十的老师帮你教孩子呢。请将孩子教好了再送去学校。老师的工作，主要是传道、授业、解惑。教孩子规矩，是父母的工作。

当老师特地花时间来跟你说，你的孩子在学校需要注意时，例如调皮捣蛋、不尊重师长、欺负同学、态度不佳、功课不写……我知道，多数父母都很难接受别人批评自己的孩子，于是就不自觉地怪起别人。

“我的孩子在家都很乖，为什么到学校就变了样？”

“我的小孩还小，为什么老师要用这么严格的标准来看待？”

“孩子最近认识某某某之后，一定是跟同学学坏的。”

……

被教好的孩子，不是这么容易学坏的。一个老师要面对这么多的学生，还愿意花下班时间来跟你谈你的孩子，不论她说了什么，我们都要心存感激。不要在心里埋怨老师，因为老师大可下班后回家睡大头觉啊。老师心里关心你的孩子，觉得你的孩子还有救，不希望孩子从此在恶性循环里打转，才会好心来提醒家长，不是吗？所以听到老师的提醒，不管你心里有多难过，都要虚心，然后跟老师合作。不然呢？难不成你希望老师都只报喜不报忧吗？

老师提醒你要多注意自己的孩子，这是上天送给你的最好的礼物。

因为你的孩子还没进入青少年，不然你一定会知道，小学阶段的孩子，是最好教导的。不论是如何冥顽不灵，只要付出了时间和爱，每一个都救得回来。所以听到老师批评你的孩子，请不要太紧张，只要家长虚心，孩子的问题都不会太大。只怕家长不能接受别人的建议，心里抵死反抗，错失良机，那就太可惜了。

后记

“老师对我的孩子有偏见？”如果你真的有这种感觉，先虚心找老师请教，看看家长还可以做什么。我们要对老师有信心，通常家长愿意配合，问题都应该不大才对。

千万不要动不动就投诉老师。有问题先问孩子可否自己跟老师沟通？牵涉的人愈单纯、层级愈低（小孩就是）愈好，也不会给老师带来不必要的压力。老师一个人要面对这么多家庭，家长应该帮忙老师减少他的压力和负担才对，这样老师才能更有余力用在教学上面。

填补空白的能力

姐姐弟弟还没进小学前，我花了大量的时间念故事书给他们听。除了听故事，在妈妈的陪伴下，玩耍和出门运动，就是他们童年的全部。姐弟俩都是满五岁才进幼儿园，他们的童年生活真是再简单不过了。

孩子需要很多才艺课程来启发他们的天赋吗？父母需要每天绞尽脑汁让孩子的生活多姿多彩吗？不需要。孩子需要规律而平静的日子，给孩子愈多自由自在的生活，孩子的天赋才更能发挥。

天赋需要靠时间慢慢培养、发挥。一开始天赋在东还是在西都弄不清楚时，大人太过积极、汲汲营营的态度，反而有扼杀天赋的反效果。

现代独生子女多，父母心里总有“没给孩子一个伴”的罪恶感，于是不自觉地想要用自身的力量去填补孩子生活里的空白。填补空白最简单的方法，就是安排很多活动。带着孩子东奔西跑，看似生活充实、没虚度，其实出现了一个孩子人格培养上的漏洞，那就是你的孩子知道怎么杀时间吗？

杀时间，不是无趣无聊的人才需要做的事吗？不，人生在很多时候，都需要有会杀时间的能力。时间“杀”得好不好，关系着你的日子过得好不好。

好了，如果父母都将孩子的时间安排得好好的，除了平日上学，下课后和周末时光，也是一件事跟着另一件，好像让孩子的生活出现空当父母就失职了似的，久而久之，孩子将失去“自得其乐”的能力。

小学生不是都有早自习时间吗？很多家长不是都会轮流去教室陪孩子活动吗？你教画图、我教劳作，你念故事、我演话剧——又要提到弟弟小一的导师了，有一次她请家长不要再去学校了，她说，现在孩子最缺乏的就是安排空白时间的能力，只要时间一出现空白，很多孩子就是一副无所事事的模样；手边可以做的事情这么多，教室可以看的书也不少……现在父母做过头了，反而剥夺了孩子发挥天生安排事情做的能力。

别将孩子的生活塞满。生活需要空白，天赋才得以发展。

好老师的最高境界，不是让学生可以考高分、整洁比赛可以得第一名。

六年前了，我依然记得那张狰狞的面孔——在学校的运动会上，两班对峙，比赛的项目是拔河。当裁判的哨音一吹，胜负当下立见时，我看见输的那一班的老师，前一秒还在奋力加油，后一秒马上脸色大变，对着仍倒在地上还没爬起来的孩子破口大骂。我清楚记得老师的脸色，难看到了极点，好像面对的是一群强盗杀人犯似的。“你们这班是怎么回事，连拔河也会输，是没吃饭吗。”我真想替那些只有十岁的孩子掉眼泪。

好老师的最高境界，是能在孩子学习的启蒙阶段，给孩子一个正确的榜样。这不是父母的责任吗？没错。好老师的地位，也跟父母一样崇高——这是姐姐的导师，对全班小二学生说过的话：“人生有个金字塔，金字塔的最下层是‘对不起’，中间是‘谢谢’，最上层是‘请’，如果你们可以做到金字塔里的这三件事，考试考不好也没关系。”

孩子会因为听老师这么说，就从此不关心考试了吗？连小学生都知道，老师强调的是那个金字塔，而不是考试。考试这件事是不用强调的，因为没有孩子不想把考试考好的，只是能力做不做得到的问题。

如果大人心里只有“赢”这个字，当然不会管孩子有没有其他的能力了。人生真的只能赢，不能输吗？一定要多才多艺的人生，才称得上成功吗？

孩子可不可以学才艺？当然可以。既然有人去学游泳、学书法、学打毛衣、学做饼干，孩子当然也可以去学学他们觉得有兴趣的事。只是，时间是有限的，孩子需要学习，也需要休息。

姐姐弟弟从小就活得“自由自在”，他们从来不需要赶场去上课。他们的天赋在哪里？我不在意天赋问题，因为我更在意的是，孩子有没有“好好过日子”的能力。

好好过日子的标准在哪里？标准就是孩子常常笑口常开吗？我自己常常笑口常开吗？发自内心的微笑，也算喔。

孩子过得好不好？看看他们“发笑”的频率，就是最好的标准。

后记

儿童福利联盟在 2012 年，针对小学三四年级的学童，进行了抽样问卷调查：近八成要参加托管、补习、才艺等课后辅导班，近六成学童补习的天数是五天以上，近五成学童还得在辅导班接受额外的考试。在我看来，这是国家竞争力衰退的开始。整个国家的儿童都泡在教室里，竞争力要从哪里生出来啊。

不要说你没办法，每个父母帮自己的孩子多做一点，每个老板叫员工早点回家陪孩子，影响力是日积月累的，多做一分算一分。

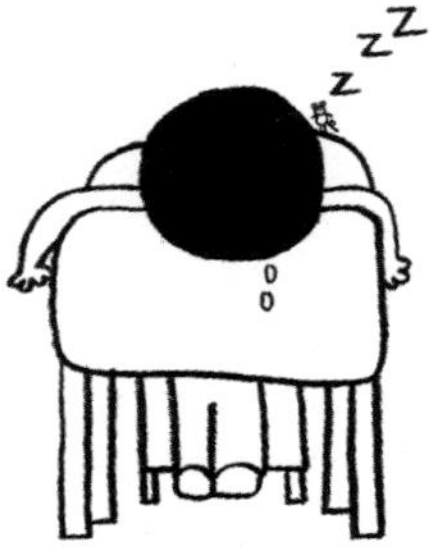

小学课本

姐姐小三，弟弟小一，我们就移居到香港了。虽然国际学校也有中文课，但为了确保孩子的中文能力，于是我搬来了台湾公办小学的语文课本，一周一课地当起了老师，自己教孩子。等姐弟俩又多读了几年台湾的语文课本后，这是他们自己发现的：

“妈妈，这是什么课文哪，怎么写得这么糟糕啊。”

真的，真的糟糕得不得了。故事八股，用词八股，插图敷衍，只有四个字可以形容：滥竽充数。唯有遇上名家散文的时候，才可以让孩子喘口气。连孩子都觉得这样的课文有问题，大人能不惭愧吗？

举个例子让你参考，这样的文章，连孩子都觉得我们的教科书太混了——

我相信人间有大爱，因为我最能深刻感受到那大爱至诚的温暖；我更相信器官捐赠是延续生命的大爱，这样的精神永远不死。（这是一篇课文的结尾）

人与人之间要彼此关怀，互相扶持，生活才能安定快乐。同邻里小区的人若能心手相连，发挥患难与共的精神，做到守望相助，那么邻居相处会更和谐融洽，生活也会更安康美好。（这是另一篇课文的开头）

这是给小六学生的课文。三十年过去了，学校还在用这样的文章喂养孩子，如果我们不鼓励孩子多看课外书，只让他们在这种质量的文章里长大，送孩子去上再多作文课也没用。你知道吗？为了让你感同身受，这两段是我从家里抽屉随机抽出一本姊姊用过的课本，然后随便翻两篇，随便找两行，就是这么“标准”的作文模板了。

对于小孩的教育，大人不能得过且过。当小学语文教科书里文章的质量，都是这样的官样八股，还谈什么教育改革呢？要改，就要从小地方一样一样地改起。让孩子接触真正的好文章，才是我们语文教科书要走的方向。我也知道为什么会使用这类的文章在教科书里，因为生字和生词要配合孩子的年龄，文章既不能太难，也不能太简单；为了配合生字而产生出来的文章，就是这副德行。

没有改进的空间吗？参考其他国的语文教育，看看别人是用什么方法在教他们的孩子。我相信进步的国家，是不可能有不进步的教科书的。或许大人的思维要先改变——写字，是最简单的一件事。不应该为了学生字，而让孩子从小净看这种“优美”的文章。就像我们的英文教育，是从考试得高分为出发点，当然会培养出一整代学了几十年的英文还不会听、不会说的学生。

说了这么多，现在让我们来谈谈如何自力救济吧。除了学校课本之外，父母要在家为小孩准备大量的课外书。有预算的家庭要舍得帮孩子买书，没预算的也要勤快地去图书馆借书。“我的小孩不喜欢看书。”不要拿这句话当借口，看看多少当代的作家，在描写自己的童年时，都不约而同地提到自己小时候是看爸爸哥哥姐姐的藏书而爱上书本的。

请给孩子一个充满好书、课外书的家庭环境，以弥补教科书的不足。

要不是姐姐弟弟读了大量的课外书，他们能在小小年纪，就分辨出什么是好文章吗？分辨好坏，也是一种珍贵的大能力。

后记

来香港之后，在香港书店里发现了更多的中国当代文学名家，比在我读书时教科书里的，多了好多。因为上初一的弟弟，昨天突然随口说出了“闻一多”这个文人大名，我才知道我们学生时代，少读了好多好文章。看过老舍的文章吗？那本什么幽默小品集，是我这辈子看过最好的幽默文章，文字魅力完全不因时间而磨损。花同样的时间读文章，当然要给孩子看最好的。衷心祈求，那种八股的官样文章，快快从孩子的课本里消失吧。

文具不是玩具

家里有孩子要上小学了，常常见到整个家族里的人都跟着兴奋起来。孩子可以从大人对某件事的关心、喜悦，知道我们对那件事的重视程度。学校有什么活动，或是孩子开口希望妈妈也去的场合，我几乎从来不缺席。陪伴，就是爱和关心的最具体表现。

有孩子要上小一了，为了表示关心，大家就开始去大买特买孩子的文具用品。“宝贝，你喜欢哪一个？”“妈妈，这些都好漂亮。”“那就全都买了吧。”

我不随便让孩子买文具。铅笔盒、笔、橡皮、尺，都是学习的工具，当然以实用为主。铅笔盒不能太重，也不需要太花哨，通常花哨的都很重，虽然孩子喜欢，但是我不买（我会告诉孩子原因：会影响书包重量），所以孩子只能在实用型里选一个。至于铅笔，我根本不让孩子选，写字的工具，花花绿绿做什么？而且那些花花绿绿的，常常都不太好写。铅笔不好写，动不动笔芯就断，那还说什么让孩子赢在起跑线呢。铅笔，也是一分钱一分货。一个铅笔盒里摆上三支足够，所以我选的都是最朴素但价格却最贵的——三角形铅笔，让还不发达的小肌肉握起来较不费力，而且完全无花样，就是原木呈现，还闻得到木头的香气呢。

上课就是要专心，文具愈简单，小孩愈容易专心。

“其他小孩都有，我的小孩没有，会不会很可怜？”家长可千万不要这样比较，都用这种逻辑教育孩子的话，“那么别人都可以玩电玩，我为什么没有？别人都有 iPhone，我为什么没有？别人都可以出国旅行，我为什么都没有？……”到最后，孩子就用这种逻辑来勒索父母了。

缺乏，不见得是坏事。过剩，就一定是。

这个道理好好地跟孩子说，他们是可以接受的。

另外，真的什么都有的孩子就满足了吗？学校发给每个一年级小朋友一盒彩色笔当儿童节礼物，第二节课，坐在弟弟隔壁的好友跟弟弟说他的不见了；弟弟可能觉得家里已经有了，于是将自己的送给好友。没想到，第三节下课，好友抽屉里的彩色笔又不见了，于是他们跟老师报告，最后发现两盒都是同一个同学拿走的。老师没有当着全班的面说出拿别人东西的小孩是谁，但私下罚了他要多扫教室的地板（应该还有跟家长报告）。弟弟因为是当事人，所以知道这些细节。

这个同学缺彩色笔吗？我看全班都不缺，可是为什么他要拿别人的，而且拿一份还不够？这个问题牵涉太大了，要留给父母慢慢思考；而且这个孩子的行为，不是特例，问问小学老师就知道，每个班上都曾发生。

物质欲望，是会愈养愈大的，所以我不随便给孩子东西。我不给孩子东西，也会跟孩子说明原因。例如，我觉得小学生不需要手机，因为放学妈妈就在校门口，即使不用妈妈接也是放学就直接回家，所以根本用不到手机。扣掉电话联络功能，孩子花了多少的时间在这个小机器上，你知道吗？

文具不是玩具，手机也不是。学校就是要专心学习的地方，所以被孩子当成玩具的东西，统统不要让孩子带去学校。

简化孩子书包里的东西，只带必需品到学校。

尽量不要让孩子带不必要的或过多的文具到学校，甚至学校或老师也可以配合倡导这样的观念给孩子。有些规矩，如果从学校里发起，家长只要顺水推舟，施行起来是会容易许多的。例如：弟弟小一那位得过优良教师奖的导师，她就规定学生下课不要去福利社买东西吃。我听了马上拍手叫好。下课时间少，福利社又这么挤，吃零食又不是好习惯，而且有人有的吃，有人又没有。其实我从来没有让孩子带钱到学校过，早餐吃饱才出门，中午回家吃午餐，所以这个规定对我的孩子并没有什么影响。但是我还是很佩服这位老师，她为了全体孩子好，不怕得罪家长，因为一定有观念不一样的家长认为老师不民主、多管闲事。

请大家一起来简化孩子书包里的东西！让学校环境成为一个单纯学习和交朋友的地方。当环境单纯了，孩子的心也会有更多的空间可以学习和吸收知识。

催　促

在我的记忆里，姐姐弟弟小时候，我很少催促他们。

是因为他们的动作很快吗？不是。

对于小小孩，快和慢，我认为不关他们的事。

就算和他们有关，那个关联也不会比父母多。

早上起床要上学，爸爸的车子已经在外面等了，小孩却拖拖拉拉地一点也不着急。每天上演同样的情节，再有耐心的父母，都可能会突然发火，将小孩骂得狗血淋头。父母总是想着如何改变孩子，却没有朝另一个方向想：三四岁的小孩动作慢，是他那个阶段的天性。如果要改变什么，第一个该改变的应该是父母。

十五分钟给孩子吃早餐不够，那就提早三十分钟起床。

“可是睡不饱，对身体健康不是不好吗？”

那就晚上提早上床睡觉。

如果提早三十分钟上床，孩子还是睡不饱，那就提早一个小时。

小孩的作息，是跟着大人走的。古代农家晚上八点就睡觉了，睡到早上五点自然醒，上学来不及的情况从没听过。

可是我们不是，每天让小孩睡不饱，早上时间又抓得这么紧。与其每天一大早就催促孩子、骂孩子，为什么不全家早睡早起，早上父母还可以念几本故事书给小孩听再出门呢。

早上念故事书？对。当我还在上班时，当姐姐弟弟都还没超过四岁前，每天早上，他们都比我还早醒，孩子醒了，我也不会再睡。那段时间，上班前，我都会利用多出来的时间帮他们俩念几本故事书。

我很少催促孩子，因为直觉告诉我：

你愈常催促你的孩子，你的孩子就愈难主动自发。

自动自发是多么重要的人格特质啊。从小听惯了“快点、快点”的孩子，你不怕他们从此就将自己设定成“我就是要别人催促的人”吗？

当姐弟俩小学低年级时，姐姐总是第一个准备好可以出门上学的人，但是她不能走，因为她要等弟弟和妈妈三人一起去学校。有一天，她在家门口发火了，执意要我马上先送她去上学，因为弟弟每天都太慢，她受不了了。当时我骑虎难下，我不怕送两趟，但先送她去，等会儿弟弟就会迟到了。当时我没有用权威骂她不体谅别人（但我的脸色也不好看），因为她要准时上学，她一点都没错。错的人是谁？就是我。因为我想让弟弟多睡一会儿，所以总是太晚叫弟弟起床。于是我答应她，以后会早点叫弟弟起床。

到了初中，事情反过来了。弟弟还是可以在出门前十五分钟才起床，在十五分钟内做好每一件事。但姐姐明明是早上四五点就起床读书的，每天都要我和弟弟在门口等她。但是此刻，虽然我们都催促姐姐快一点，但心里又满是体谅，因为姐姐已经是个完全主动的小孩，她身边的每一件事，没有一件需要大人帮忙，只是女生的行头比较复杂，不像男生头发不梳也能出门。甚至可以说，我们没有催促她的权力，因为她大可撂下一句："你们先出门，我的事我自己负责。"如果校车开走了，她也得自己坐车去上学，并不影响其他人的作息。我和弟弟只是不想抛下她，因为不等她一起下楼，会觉得颇不舒服的。

别催小孩。他们没有故意慢吞吞。如果每天早上多个十五分钟，事情就能迎刃而解了，大人为什么不先改变自己呢？

早上出门的时间不够，是父母的责任，不是小孩的。

考试不拿钱

当姐姐刚上小学，第一次拿回第一个一百分的时候，爷爷马上掏出了一百块钱给她。我当场吓了一跳，但钱还没落到姐姐手上，我说："我们家的小孩，考试不拿钱。"

"没关系吧，谁谁谁之前，只要考一百分就可以拿一百块。"看妈妈不理睬爷爷的"抵抗"，孩子马上知道，这种钱不能收了。

"如果他们背着你塞钱给孩子呢？"我早知道会有这招，我会事先跟孩子说明"为什么考试考好不拿钱"的道理，孩子会懂。所以如果他们再收到钱，就会当着给钱人的面拿来交给妈妈，既然钱最后是进到妈妈的口袋里，呵呵，这种奖励从此就会自动消失了。

为什么考试考好不要给孩子钱?

请问：孩子用功得到好成绩，是因为觊觎钱吗?还是，你希望用金钱诱惑孩子努力读书呢?

我猜，这不是你的用意，你只是想表达你的鼓励之情罢了。但鼓励的方法有很多，面对还不懂得如何使用钱的孩子，用“钱”来鼓励，不妥吧?

学生要用功读书，就像父母要尽责照顾孩子一样，不管有没有奖励，那都是你的义务，做好是应该的。难不成没有给我奖励，我就可以不用照顾小孩了吗?还是你给我的奖励愈多，我就会将我的小孩照顾得愈好呢?有些事压根儿和金钱扯不上关系，大人就不要非将它们套在一起吧。而且这么做，还会混淆小孩的价值观。

“我不给钱，但是买礼物呢?”

不怕吓到你，我连礼物都不给。因为我知道，孩子最在乎的奖励，是你摸摸他的头，说一声“你真是不让妈妈操心的好孩子”。孩子用功读书是为了自己，不是为了爸妈。孩子继续用功读书的动力来源，是父母对他认真负责的态度的肯定，而不是金钱或礼物。

听说有的家庭，一遇到有祖父母的聚会，孙子孙女们就会抱上一大沓考一百分的考试卷，去跟祖父母“换钱”。不是每个孩子都有拿一百分的天分，没拿一百分的孩子也许对功课也很认真尽力,这时候,没有一百分的就只能眼巴巴地看着别人接受“奖励”，大人营造这样的家庭环境，好吗?

有些大人看到小孩没考一百分，就会开玩笑地直接说：“你真笨，这么简单也没考一百分，真丢脸。”谈到教育时，很多人习惯将矛头指向教育制度；当小孩学业压力太大时，就说是教育制度有问题。我从来不相信这种说法。只要家长的观念是正确的，只要家长不要对小孩祭出一堆乱七八糟的想法，外面的压力，是根本难不倒孩子的。

很多孩子，在他们还无力反抗大人的时候，就被家长错误的教育方式压得抬不起头来——没考一百分就没钱可拿、没考一百分就是不努力、没考一百分就只能被羞辱——难怪有这么多孩子不想努力用功，因为他们早已预料到，不论自己多么努力，大人都不会满意的。

孩子满不满意自己，比父母满不满意孩子，重要太多了。

多年前，我在校门口接小一的弟弟放学，小小的他，近乎立正地站在我面前，双手背在背后，眼神晶亮。等我问他后面藏着什么时，他用双手捧着一张奖状递到了我面前。你可以想象他那“以自己为荣”的模样吗？整个眼角、嘴角都快要弯到月亮上去了——他获选为班上的礼貌小天使。跟用功读书、分数、名次一点关系也没有，但是做妈妈的，光是看到孩子脸上的表情，就心满意足了。我发自内心地对孩子满意，就是给孩子最珍贵的奖励。

我想说明一点，以上的观念，是说给父母听的。在孩子面前，我不会强调为什么不给奖品这件事，因为从一开始就没有“考试拿奖品”这回事，孩子自然会把“没有奖品”当成理所当然，所以根本不用跟孩子解释。因此，“做学生要用功努力”，在姐姐弟弟心里，也是理所当然的事。

事隔多年，弟弟大约小五了，有一天他一边看着故事书，突然好像发现新大陆似的对我说：“妈妈，为什么你从来都没有说，考试考好可以拿奖品礼物呢？”我当下呵呵呵地笑了起来。这么多年，妈妈的秘密终于被你发现了。

我说：“你为什么突然这么问？”

他说：“尼古拉故事里的阿楠，就是很会读书的那个阿楠，每次都有礼物啊！怪了，这个角色老是考好成绩就有奖品可拿，我成绩也不错，怎么妈妈从来都没给我什么呢？”

我说：“我不用金钱奖励你用功读书，就是怕误导你。怕你努力，不是为了你自己，而是为了我。”

他说：“妈妈，我已经长大了，不会被误导，你可以开始给我了吧。”

“考一百分就给钱”，这种对孩子最不用心的奖励，别再用了。

不要用金钱去奖励孩子用功读书。给他一个大大的拥抱，就够了。

后记

从小我就是个“品学兼优”的孩子，但我毫无印象，父母曾经因为我的功课好而给过我什么有形的奖品。我只记得，每次我得了一个什么好成绩或荣誉时,那迫不及待想冲回家跟爸妈报告的兴奋感受。

说不定，孩子不是因为好成绩而兴奋，而是因为预测将看到自己最爱的人高兴的笑容而兴奋。以前的父母较保守，不会像现在的父母又搂又抱，但是他们那一抹骄傲的眼神，即使快如流星般闪过，但我认为，那就是我愿意上进的动力之一。

或许是那抹带着骄傲的微笑，实在太动人了，让我自己在当了妈妈之后，自然而然地知道：不要用奖品和玩具这些有形的东西去引诱孩子用功读书，因为有形的东西终有失去吸引力的时候，但是你最亲爱的人的微笑，是永远不会过期的。

让孩子远离“急功近利”

学习态度比考试分数重要，这是很多家长都认同的观念。但是孩子考了好成绩父母就给钱给奖品，这就等于直接给了这个观念一巴掌。

考试一百分、第一名的孩子，他们老早在你鼓励他们之前，就已经被自己的成就感鼓励过了。所以这时候你的任何表示，都只是父母爱意的表达而已。因为这时候，孩子心里已经很高兴，所以你只要很简单地陪着孩子一起高兴就好。但是，没考好的孩子呢？一次的失误不代表什么，甚至十次的失误也不代表什么；这时候家长该拿什么样的态度面对失望的孩子，才是最重要的事。

如果孩子的学习态度是正确的（上课认真听讲、功课准时完成、错误仔细订正），那么家长就不必对分数斤斤计较。没听过“小时了了大未必佳”吗？这时候孩子的一切成就，家长都不要太往心里放，因为你眼前的“成就”，没多久统统会变得无足轻重。

急功近利、对分数斤斤计较的孩子，不是天生的，那是大人错误的心态养成的。

《拒绝联考的小子》作者吴祥辉说过一个故事：当时读建中的他，上语文课常常得到老师的青睐，因为他读过的书不少，语文底子非常好。但是，每次语文考卷一发下来，分数却遭到同学讪笑，别人都接近满分，他却只有八十。但他心里早有“定见”：我绝对不考一百分，因为这最后十几分要花的力气，可能是前面八十分的好几倍。所以他宁愿将分数“送”老师，拿这些时间去做别的事。人生可以学习的事情太多了，需要有所取舍。

孩子的学习态度、生活态度、应对进退的态度……只要这些态度是正确的，就值得鼓励。当父母的鼓励只跟“功成名就”扯上关系时，就别指望你的孩子不急功近利了。“一百分、第一名”，没有不好，但那是可遇不可求的事。希望养出眼光远大的孩子吗？那么父母的眼光要先放远才行——拿赢过或打败别人来鼓励孩子，就是一种急功近利。

“你拿第一名耶。你打败了全部的人，你好厉害啊。”

“你游得好快啊，这里没有一个人游得比你还快呢。”

“加油加油，你赢过哥哥了，你好棒啊！”

“你长得真美，整个家族没有一个人比你美了。”

鼓励孩子是好事。但是拿“赢过别人”当成鼓励的说辞，就不好了。一旦开启了孩子“赢过别人”就是成功的观念后，这个孩子将一辈子得不到满足。因为“人外有人，天外有天”，如果你的快乐只建筑在“赢过别人”上，那代表你的快乐也依附在别人身上，一旦看到比你更成功的人时，你的快乐马上就烟消云散了。

有人为了事业上的成功，什么都可以抛下。当你问他事业有多成功时，他会跟你说他的阶级比别人高、他的薪水比别人多、他的权力比别人大，但是他的人生呢？有比别人快乐吗？不一定。

不拿“赢过别人”当鼓励孩子的说辞。

也不拿“赢过别人”当成孩子成功的标准。

成就感，只能在自己身上找，在别人身上是找不到的。

这才是赢在起跑线

让孩子赢在起跑线的第一件事，是睡眠。

你的孩子几点睡觉?

我的经验让你参考：小学一年级，九点睡着。（初中一年级，十一点睡着。）

有没有觉得很怪，为什么我不说“九点上床”或“九点睡觉”，却说“睡着”呢？因为我知道，如果我说九点上床，很多大人就只会注意“九点”二字，那我敢打包票地说，等你的孩子睡着时，一定是十点之后了。因为你可能会等到快九点时，才开始去催孩子洗澡、刷牙、收书包，孩子又是最喜欢拖拖拉拉的，所以等孩子闭上眼睛真正睡着，你看是不是早超过十点了。

“可是全台湾恐怕没有几个小学生是九点睡着的吧？”没错。

但小一生每天需要多少睡眠，上网查一下就知道，约十一个小时，如果你的孩子在学校的午休时间真的有睡着，那我们就扣掉一小时，所以孩子还需要十小时的晚间睡眠；晚上九点睡，早上七点起床，刚好是十小时。

在学校维持一整天的专注，是很需要体力的。
请确认孩子睡眠是否充足。

让孩子赢在起跑线的第二件事，是运动。

每天下午或傍晚，我都会带姐姐和弟弟出门运动。甚至有时候是一放学，书包一放好，我们就出门了。如果白天没空，那就是吃完晚饭之后，不管那时我有多累多不想出门，我仍会强迫自己去，因为“每天带孩子出门运动，是父母的职责之一”。

所有小学阶段的孩子，都会喜欢跟父母出门透透气的，除非你家有电玩。现在回想起来，当时只要我一吆喝要出门，也不管我是要去上刀山还是下油锅，孩子从来不会说不的，一定是喜滋滋地马上换衣服穿鞋子跟妈妈走。（这可是父母最幸福的一段日子啊！呜呜，我已经过完了）

散步也好、玩球也好、骑车也好，甚至只是跟妈妈来回走上半小时的路程去买隔天早上要吃的馒头……反正我都一定会带孩子出门。我的责任感告诉我：父母不可以将孩子闷在家里一整天。

“孩子白天不是有上学吗？”即使是姐姐开始读全天，下午四点才下课，我们还是会出门走走。别以为小孩在学校总是跑跑跳跳的，仔细想想，每节下课只有十分钟，再加上可能需要上厕所、喝水、上下楼梯、帮老师跑腿、收作业本子，你觉得孩子可以尽情痛快地运动吗？

而且，除了身体的运动外，孩子的眼睛也需要常常看看远处开阔的视野，才叫健康。教室、家里举目所及都是钢筋水泥，所以带孩子出门，让眼睛得以解放和舒缓，也是做父母的责任，更是爱孩子的具体表现。

“那可以去什么地方呢？”就找你家附近场地最大、视野最开阔的地方，即使是个小公园，让孩子在里面滑滑梯、荡秋千、自由自在地玩一下，都比一回家就关在屋子里不出来好。另外，孩子的校园，也是一个不错的选择。接完孩子放学，可以直接带孩子再回到校园里，别以为孩子会嫌校园无趣。平时轮不到自己玩的游戏器材，或是平时根本没法玩得尽兴的地方，现在都空出来了，而且还有妈妈陪伴，孩子可乐了呢。

运动可以产生让人感觉快乐的内啡肽，
它是调节孩子学习压力最好的舒缓剂。

让孩子赢在起跑线的第三件事，是饮食。

我对孩子的饮食，严格把关。因为我知道，孩子饮食若不健康，最直接冲击到的就是学习力。所以孩子吃的东西，只要跟“不健康”沾上边，我都会尽量排除在餐桌之外。这里先不谈细项，因为那是一本书的分量，其实也不必谈细项，大家都应该知道什么是健康饮食，只看大家有没有决心去培养罢了。

我们先说最直接影响孩子学习力的——早餐。我让孩子从小养成一个习惯：在家吃完早餐才可以出门。没有自己在路上买，或是带到学校再吃这回事。有段时间是爸爸开车送孩子到学校，我也让孩子好好地坐在餐桌前吃完早餐才出门。吃早餐很花时间吗？一点也不。早上就差这么一点时间，非得边赶路边吃早餐吗？为什么大人晚上不提早十五分钟睡觉呢？

还有，早上给小孩吃什么早餐呢？菠萝面包一个、葱油饼一块、饭团一只……不够不够。至少要有一颗蛋，配上一两片全麦吐司，然后加上一杯牛奶或豆浆。“每天这样吃没变化？”没变化也总比每天变来变去却没吃到营养好吧。“早上没时间煎蛋？”好啦，原谅这些早上真的起不来的爸妈，前天晚上先煮好水煮蛋，早上剥来吃，这样总可以了吧？

父母都希望孩子会读书、成绩好，然后拼死拼活地花了一大堆力气，却忘了眼前最基本的事。这些最基本的事必须养成习惯，不管孩子以后会不会读书，他们一辈子都需要这些好习惯陪伴。有时候父母的眼光不必放得太远，眼前孩子的食衣住行先顾好，先让孩子的生活习惯是健康的，就是赢在起跑线了。

想在学习上助孩子一臂之力吗？

请从“每天提供孩子一顿营养的早餐”开始。

说故事

我喜欢的文章，通常要具故事性，即使它是散文，内容也和我所认知的时空环境相差甚远，只要读起来是有画面的，我都会喜欢。例如詹宏志的《绿光往事》，说的是我没经历过的小时候，但好好看，而且我自己看不够，看到喜欢的篇章，我还会用铅笔打钩，等姐姐弟弟放学回家，可能在吃晚餐的时间吧，念给他们听。

这与功课无关，我只是想帮她们创造更多感觉幸福的机会。

后来姐姐弟弟能听妈妈念文章的时间愈来愈少了，但是只要我看到网络、报纸、杂志上有让我感动的文章，我就会找时间说给孩子听。即使孩子渐渐长大，能留给父母的时间有限，但说这样的故事，他们还是从不排斥。

“姐姐弟弟，妈妈今天看到一则新闻：

“西班牙的某个城市举行马拉松比赛。你知道世界上有名的马拉松选手，很多都是来自非洲大陆的黑人，他们又瘦又小，但长距离跑步的能力却是很惊人的。这个比赛来到尾声，第一名的选手就是一位又瘦又小的黑人，他以为冲过了终点线，开始跟路旁夹道欢迎的人群欢呼，但是其实，终点线根本还没到，他刚通过的只是终点线前面的气球拱门。当人群纷纷叫喊提醒第一名的终点线还在前面、还没到呢？但第一名的选手听不懂西班牙语。

“如果你是第二名选手，你正跑在第一名后面，你只要再加快速度，第一名就是你的了，这时候你会怎么做？”

姐姐弟弟听这个故事时，都已经是青少年了。弟弟有点半开玩笑地回答说：“我要先看第一名的奖金有多少？”后来我也将整个故事说给我的网球教练听，他也是马拉松的爱好者，他只说，哇，真的吗，第一名的奖金很多耶。

姐姐说：“我会跑到他前面，然后开始原地跑步。”意思就是，对方看到我，就知道怎么回事了，这时候你还不快点往前跑，就不能怪我啰。

记者拍到了当时的画面，第二名就在第一名的正后方，一边跑还一边伸手拍第一名的肩膀……好令人感动的画面。事后第一名去跟第二名道谢时，第二名说："要不是这样，我是根本不可能追得上你的。"

"路上捡到钱，你会据为己有，还是物归原主？"如果第二名快速冲向终点线拿走第一名，那这个第一名是不是像是路上捡到的钱？虽然捡到钱据为己有是违法的，但现在是你自己放慢脚步拱手把第一名送给我，没人会说我有错。

这样的故事，让孩子感动的同时，还提供了孩子很大的思考空间——

这个"捡到"的第一名，不管你是要、还是不要，没有绝对的对与错。如果我是老师，我一定找机会将这个新闻说给学生听。什么年纪的孩子听得懂？小学一年级就没问题了。怕他们听得不够明白，我还会在黑板上画下示意图，一边画一边说故事，最后亮出记者拍的那张照片。你可以想象孩子们叽叽呱呱讨论的情景吗？你可以想象孩子们受到感动的那一刹那吗？这就是大人的幸福时光。可以给孩子感动的机会，都要把握，这是教育里很重要的细节。

听多了这种故事的孩子，人格自然而然地都会高贵起来。

随手可得的故事，都是教育里最珍贵的材料。

培养孩子很重要，但亲子间的感情浓度，

更是这场关系里最珍贵的地方。

辑二
我想写信寄给你

父母慢慢走，孩子才能从容跟上

如果我面前有一班小学一年级孩子的家长，而我只有二十分钟的时间，我会对他们说什么？

“养育孩子是一条长路，父母必须慢慢走。”

我已经很慢了，但孩子比我还慢，真是急死人了。

父母不能急，不论心里有多爱孩子，希望他们现在好好读书有美好的未来，但是首先，父母不要将担心写在脸上。

我对孩子的期望与你的大同小异，其实全世界做父母的都相去不远，但是我在孩子的面前，永远是一副平和的模样。我当然也希望他们认真努力、用功读书，我也会在言语上经常地跟他们说说为什么要用功读书的道理。但是我表现出来的，除了“我因为爱你才跟你说这么多”的态度外，剩下的就是“你的事，你要自己负责”。

别误会，“我因为爱你才跟你说这么多”“你的事，你要自己负责”，这些话我是不会说给孩子听的。我很少在孩子面前喊口号，传统父母会说的话，我一句也不会说。我直接用行动告诉孩子，例如：晚上超过七点以后，不准写作业；孩子没主动拿联络簿给我签名，我就当作没这回事。

我的心里当然关心孩子的学习状况，我根本整个人的生活重心都在孩子身上，但是，我不会让孩子发现：我的功课，妈妈比我还紧张。

当父母看到孩子成绩不好时，当然可以叮咛孩子，“功课要不要拿来给妈妈看看？有没有不懂的地方要妈妈再说一次给你听？每个错误的地方，事后都一定要弄懂才行。”

可是父母的情绪，要放在心里，想发泄也别对着孩子，尤其千万不要对孩子说些没营养的话——

“你才小一就考这种成绩，将来怎么办哪！”

“叫你平时用功认真一点，你不听，现在成绩这么难看，丢不丢脸啊！”

……

喜欢这么跟孩子说话的父母，请“一定一定一定”要管好自己的嘴巴。什么叫平和？随口喜欢乱说话的父母，你在孩子心里的形象，必将愈来愈低落。一个有低落形象的父母，要用什么来激励孩子认真努力呢？

我关心孩子的学业，但我表现出来的是：我只提醒你，我不直接帮忙做什么。孩子要有心帮忙自己，这就是我这么做的目的。所以这个时候，父母有没有信心放手让孩子一搏，就变得非常重要了。你得先让出空间来，孩子才有机会在那个空间里，练习他们将来所需要的一切能力。

说到信心，有没有发现，时常是父母自己对自己没信心，于是不自觉地也对孩子没信心。我很乐观，喜欢自己，也对自己有信心，所以我也自然地对孩子保持乐观，喜欢孩子，对孩子有信心。孩子的成长是要经过时间慢慢锻炼的，父母对孩子有信心，中间即使遇到低潮或困难（别怀疑，我的低潮和困难不会比你少），才能带领孩子一起度过。

有时候父母的眼光要放远，不要拘泥在孩子当下是否尽如你意。

姐姐弟弟一路上都不是最杰出的，因为我根本没期望看到他们杰出。我只期望他们对自己负责、把自己分内的事认真做好。这个时代已经不是“上台大、进哈佛”就能保证一切的时代了。孩子做人处事的态度必须正确，即使只有一点小偏差，我都会当成大事来处理。例如考试没考好，我不会太介意，但是如果面对不好的成绩，态度却吊儿郎当的，我就会当场板起脸来了。还好，在小学之前，我几乎不曾为了孩子的成绩板起脸来过，不是因为他们的成绩都很好，而是他们面对该负责的事，态度都没问题。

不过有些事，父母的眼光却只要注意当下眼前就好。例如：孩子的生活起居照顾好了吗？孩子吃的营养、睡眠充足、常常运动吗？要不要去市调看看，能将这些小事顾好的父母，通常也不太需要担心什么孩子的学习状况。做好眼前的小事，常常就没什么大事好担心的了。

好了，到底“会读书、肯上进”的孩子是怎么来的？关键一：阅读力。阅读力是任何学习的基础。而且，在孩子还不能自行阅读时，父母就要开始多读故事书给他们听了。因为经过听的动作，大量的词汇会潜移默化地进入孩子的脑袋里，即使父母当时看不见成果，但是日后，学校老师可能一句话还没说完，你的孩子就懂老师的意思了。这样，要做个成绩不坏的学生，就不是件难事了。

关键二是态度。孩子自动自发的学习态度，要如何培养？——发现孩子的优点，赞美他。而不是反其道而行地，每天只看见孩子的缺点，每天贬损他。

事情总是抢在孩子前面就先做好，然后再回头骂孩子：你怎么自己都不会？拜托好不好，你是大人耶，你的速度那么急、那么快、又那么有效率，叫孩子怎么有机会练习呢？不给孩子机会练习，又整天在后面抱怨、责骂、啰唆，以为孩子的心都是铁打的不会坏吗？大人不能耽于眼前的完美和输人不输阵的面子，而剥夺了孩子练习的机会。

这两样关键，都不能等孩子大了，要准备升学考试了才来培养。

习惯要及早培养。对不起，我不是说孩子，我是说父母。

天下没有白吃的午餐，天上也不会自动掉下好孩子来给我们。

“一分耕耘、一分收获”请不要贴在孩子的布告栏上，它应该放在每一个父母的心里。

孩子的小学阶段，是做父母的最幸福的一段时光。

父母先要慢慢走，孩子才能从容跟上。

亲子间幸福的感觉，最后会变成父母和孩子心里的甜蜜痕迹。

除了功课，你和孩子常常感到幸福吗？

幸福也不会自动从天上掉下来，是要我们去创造的。

写给初中一年级孩子家长

鼓励、陪伴、不放弃

如果我面前有一班初中一年级孩子的家长，而我只有十分钟的时间，我会对他们说什么？

不公平。为什么小学生的家长有二十分钟，初中生的家长只有十分钟？

你不知道青少年连十分钟都不给父母吗？谁叫你孩子还小时，不多花时间，现在想花也没地方可花了。

刚进入初中的姐姐弟弟，我还是一贯平和的模样。但是我也慢慢开始强调“用功读书”的重要性了（怎么强调？请参考下一篇）。如果你的孩子成绩没问题，父母还是有事可做的。用功读书取得好成绩不是件轻松的事，父母想慰劳孩子的辛苦，最简单的做法，就是对他们嘘寒问暖。

我会在孩子做功课时，突然探头进去问，要不要喝水、要不要吃点心、要不要捶捶背。“捶、捶、背？”父母帮孩子捶背，像话吗？不像话，但我就是喜欢在没人看到的时候，对孩子做些不像话的事，犯法啊。

姐姐升上初三后，为了用功读书，真是累得不像话。其实她是花了百分之三十的时间去做了非关读书的事，所以时间才会这么紧张。好了，她读书辛苦是事实，这时妈妈能帮她什么忙呢？什么忙也帮不到。

“姐姐，快进房间做功课，做累了叫妈妈。”

通常不等她叫，我会每隔两三个小时，走到她的背后，她继续做她的功课，我就开始帮她捏捏脖子、肩膀，捶捶弄弄的。有一次我“服务”了大半天后，突然忍不住问她：

“这世界上最爱你的人是谁？”

“你。”

“没有怀疑？”

“没有。”

从此这四句话，就成了我们母女俩常唱的双簧。此时此刻，这个世界上最爱她的人，不是我还有谁呢。孩子是说给我高兴的吗？不是。当你工作累得半死、全身酸痛僵得要命时，有个人却无所求地帮你捶捏肩膀、按摩头皮；有时候我还会请姐姐将眼镜拿下来，使用从按摩师那里偷学来的三脚猫功夫，帮她做眼睛周围的按摩。姐姐真的累了，所以我的按摩对她来说，是最好的帮助，也是她真正需要的东西。

“妈妈，好舒服，你对我真是太好了。我以后一定会常常去老人院看你。”

“不用。想来再来，不想来就不用来。”

我一点都不期待孩子感激我。父母要感激做什么呢？当孩子得到快乐和安慰时，就是做父母最大的回报了。

你以为我和姐姐之间都是这般美好吗？不，美好的时光总是特别短。除了这些短暂的片刻外，很多时候不是她根本不理我，就是我为了限制她上网的时间，两人吵吵闹闹。

面对初中的孩子，即使他们心里知道要用功读书，但是，周围会使他们分心的诱惑实在太多了。学校要求学生人手一台计算机，就是最大的一项诱惑。别提我不让孩子随意玩电玩了，我还限制孩子上网闲逛，禁止孩子随意打开社交网页留言，甚至请孩子写作业的时候将这些“通信设备”全部关掉。我毫不留情地禁止。虽然姐姐表面上答应了我，但我常常发动的突击检查，还是会引起她的不快。这时候，父母千万别因为孩子脸色难看而退缩，因为不限制孩子使用这些东西，就等于是让孩子跟好成绩说拜拜。我没有全面禁止你，休息时间你还是可以做你喜欢的事，但是做功课和读书的时间，就必须远离它们。

我不知道你们对补习的看法。我自己初中读的是私立学校，从小到大一天补习班也没去过。但是我也不会说“孩子不能去补习”。看孩子自己吧。如果想要将成绩拼到顶尖，自己说要去补什么科目，我会说好的。如果是根本不用功读书的孩子呢？老实告诉你，送去补习是一点用也没有的。对于不用功读书的孩子，我觉得唯一的方法是，每天陪在他们旁边，勉励他们、鼓励他们，“读完这一小时，我们就来吃块蛋糕”“准备好这个考试，我们就来打一场电玩”——时时刻刻陪在孩子身边。一面给他们鼓励打气，一面监督，因为已经脱离了轨道的孩子，是需要父母的监督来维持他们的自制力的。

面对不如你意的孩子，别灰心，只要父母对孩子保持信心、不放弃，有时候孩子说开窍就开窍了。

为什么不用功的孩子更需要父母陪伴呢？因为当他们想发愤图强的时候，千万不要让他感觉孤立无援，因为那种想一鼓作气的动力，是很需要别人在旁加油打气的。

无数个夜里，四周安静得一点声音也没有，只有家门外巷口的猫咪叫声，每次都让当时还只有初三年级的我，怀疑是不是有一群小婴儿在外面打架呢。好像有那么一次，半夜三点钟，我正端坐书桌前用功读书，父亲突然在房门口出现，他甚至没有走进来，只说了一句：“要不要去泡杯热牛奶和吃些苏打饼干？”三十年过去了，我依然还记得他模糊的身影和清楚的这句话。

后记

当初，我妈妈是怎么鼓励我用功读书的呢？她会当我的闹钟。如果我想半夜三点起床，我只要跟妈妈说一声就可以去睡了。然后妈妈会自己拨闹钟，准时到我的房间来叫我起床。我妈妈很可爱，她怕我又躺回去继续睡，所以推我起床之际，自己就赶紧在我的床铺睡下，好让我没地方可睡，只好起床。妈妈也会睡过头，有几次来叫我时，我一看时间超过，怕读不完书考试要完蛋了，竟然在半夜三更开始大哭大叫地发疯吵闹。面对这么“不知感恩”的孩子，妈妈从来没给我脸色看，一次也没有。只是很无奈地任凭我大哭大闹。我每次想起这些往事，就觉得，天底下有个人可以这么包容我，真是太幸福了。

写给初中生的第一封信

为什么要用功读书?

先自我介绍，我是一个妈妈，有两个孩子，初三的女儿，和初一的儿子。青少年很难把父母亲的话听进去，我知道你们不是故意的。但我跟你们非亲非故，而且我要说的话，可能（我只是说可能喔）对你有帮助，所以花十分钟听听不碍事吧。（十分钟是骗你的，哪个大人说话不是没完没了的。）

“功课好的同学，是天生喜欢读书的吗？”这是我想问你的第一个问题。

我在学生时代，就属于功课好的那一群。“我是天生爱读书的吗？”胡说八道，每天抱着书本死啃、死背，谁天生喜欢哪。天生喜欢读书的人，不多；天生喜欢考试的人，应该是心理有问题，所以更少。但是当时我为什么愿意坐在书桌前用功读书、努力取得好成绩呢？这是个谜。

“初中以后，你爸妈有管过你读书吗？”我问我先生。为什么问他，因为他就是不喜欢读书孩子中的一员。他讨厌死读书了，他觉得坐在书桌前读书，简直是学生时代最最最痛苦的一件事。

“没有。”这是我早知道的答案。那时候的父母，没空管孩子这么多的。

“那你为什么最后还是读到了大学毕业？”那个年代只有不到三分之一的高中生考得上大学。

“因为爸妈都说要用功读书啊。将来才可以怎样怎样……”我先生说。

“哪一个小孩不知道要用功读书，”我反驳，“每一家的爸妈不都是这么说的，但是，为什么有人愿意读，有人不愿意？”这就是我说的那个谜。

“我猜，”先生补充，“我虽然不喜欢读书，但觉得那应该是一条‘正途’，所以勉强自己往那个方向走吧。”

为什么“用功读书”是一条正途呢？好像没有大人说清楚过这件事。

“用功读书”是不是正途不重要，但是它肯定可以对你的将来，赋予更多选择的机会。有一天，你得有能力养活你自己。养活自己的第一步就是要先有个工作。你应该不会指望有人会养你一辈子吧，所以你终究要有一个属于自己的工作，对吗？

社会上有各式各样不同的工作，它们需要不同能力的人来做。所有工作就像一个金字塔，愈困难的工作，薪水愈高，但数量也愈少。所以大学教授和商店店员就分属金字塔的上层和下层，他们的薪水也是。当大家都想追求上层的工作时，就必须靠能力了；从外表无法判断一个人的能力，所以一开始靠的就是学历。

别误会，我没说学历代表一切。但是当大家一起步入社会，当大家都想往金字塔的上层爬时，学历就是你的第一张通行证。前面那个说不想读书、将来要开出租车为生的小学三年级小孩，连他都知道开出租车不需要学历。然而，人类社会运作的规则就是，不需要学历的工作需求量最大，铺满了金字塔的最下层，所以薪水不可能好。

你现在不愁吃穿，所以无法体会薪水不好的日子要怎么过，因此父母说破了嘴也劝不动你用功读书，甚至你可能还会想，没钱也有没钱的生活方式，没什么大不了。

不要对任何事情都觉得无所谓，对任何事情都无所谓的人，通常就是笨蛋。笨蛋一定会将自己的未来带向一个乱糟糟的境地，没有一个例外。

你可知道？薪水不好，剥夺的不只是你生活上的舒适度，它还决定了你这辈子有多少的自由可用。你可能喜欢旅行，你可能喜欢买漂亮衣服，你可能喜欢跟朋友出去玩乐，甚至你可能喜欢在线游戏……但是有一天，当你工作的薪水只能维持温饱时，这时一切你喜欢的事情，都必须统统割舍。对不起，整个人类社会就是这样运作的，已经几千年了，从来不曾改变过。只有当你在工作和薪水上游刃有余时，你才有权力决定自己有多少自由可用。不然的话，一切都由不得你。

不是我要吓你，等你落到了金字塔下层才觉悟，那时已没有回头路可走了。

“哈哈，我爸妈最爱我了，到时他们会帮我想办法。”这又是另一个你不知道的陷阱了。

“什么样的人生是成功的？”这是我想问的第二个问题。

不是会读书，不是功成名就。谁都一样，心里若没有快乐，就不能叫成功。

一个人要取得快乐，只有一条途径，那就是“一切要靠自己努力”。任何事情都要靠自己去取得——不论是金钱、成就、爱情、亲情、友谊、关怀——你才能从中得到真正的快乐。

你现在要努力，将来也要努力，快乐是在“你尽了什么责任”之后才会出现的。快乐是不会凭空掉下来的。所以最后靠父母才能过日子的人，是一辈子都快乐不起来的。很可惜，有些父母可能也没想通这一点，所以才会用宠溺的方式爱孩子。如果父母给你零用钱给得毫不手软，不要太高兴，他们自己也不知道这是在害你。如果你将来遇上的朋友，年纪轻轻就开着父母帮忙买的几百万跑车，不只不要羡慕，还要离这些人远一点。

“现在好好读书，将来就有好日子过。”这句父母都爱说的话，的确不能百分之百打包票，但是现在好好读书，将来会带给你更多的机会，却是事实。只有当你面前有比较多的选择时，你才有机会从中选一个你最喜欢的，不是吗？

“我最喜欢打电玩了，打电玩就可以带给我快乐。”

对不起，打电玩，不是工作，它只是一种娱乐。任何娱乐，都要在你尽了自己的责任之后，才能享受到娱乐带给你的快乐。不需要我说，看看网吧里的青少年就知道，自己的责任还没尽到时，会有多少人能拥有真正的快乐呢？

“但是，我不喜欢读书啊。”

不要紧，没人喜欢。你以为一大早走进图书馆的同学，都是满心欢喜的吗？见鬼了！每一个人的内心都挣扎地想要逃走，恨不得可以一辈子不要去图书馆念书。但是，还是有人走了进去。

“走进图书馆用功读书”还是无法保证什么，但是，这些人将来的机会比较多，却是任谁也无法否认的事实。

你不喜欢读书，那你喜欢什么呢？除了玩乐之外，你已经发现了自己的天赋、兴趣或专长了吗？你如果喜欢画图，那就从读书的时间里拨出一些来画图；你如果喜欢打篮球，那就从读书的时间里拨出一些来打球。

读书和发展兴趣，是可以兼顾的，只是你可能要牺牲一些睡眠而已。我那初三的女儿喜欢写作，所以睡觉前她先将功课做好，然后每天拨闹钟清晨五点起床写作。如果你还没发现自己的兴趣或天赋，这时候又不用功读书，那不是在跟自己的将来过不去吗？

最后我想换个角度问你：

“用功读书，会让你少一块肉吗？”

“用功读书，真的会让你很痛苦吗？”

不，你应该试试看，试试看“用功读书”会带给你什么感觉。对你有利而无害的事，一定要尽力去试试看。

在此，献上我最诚挚的祝福，这个祝福，也是你父母最想给你的。

写给初中生的第二封信

骗自己用功读书的方法

人生如果分成两部分的话，我会把这两部分分成“工作”和“玩乐”。我觉得十二岁前的小孩，应该玩乐大于工作，因为小孩常常是在玩乐中学会一些重要的事情的。这也是这封信是写给初中生，而不是小学生的原因，因为你们已经到了工作要大于玩乐的阶段。

好啦，我要教你“骗自己用功读书的独门秘方”了。听好，它也适用在其他事情上，我每天骗自己努力写作就是靠它。

每天早上送两个孩子上校车后，才八点十分，我一点都不想——真的一点点都不想去写作。如果能立刻回家睡个回笼觉，或是喝茶看报纸，甚至洗衣服擦地板都比写作轻松。但是我知道，我只要一回去待在家里，那这一天一定是一事无成。一事无成，不能带给我任何快乐的感觉。

我有稿子要写，就跟你有书要读，是一样的。于是，我开始自己骗自己，我跟自己说——

“你只要去图书馆坐下来就好，只要写三百字就可以回家睡觉了。”于是我背着手提电脑，包包里还有早餐和牛奶，早上八点多，我就直接走进图书馆坐下了。然后，每一天当我离开图书馆的时候，都至少带了两千字的稿子，没有一天例外——那种完成了某件非做不可的事的成就感，还有快乐和满足，真是难以形容。

到了第二天早上，你以为我走进图书馆的动力有增加一点点吗？没有啊，我想偷懒的感觉，一点也没有减少。一年三百六十五天，我每天想偷懒的感觉都一模一样，于是我只好日复一日地上演“自己骗自己的戏码”。

我的日子很辛苦吗？没有。如果我的生活是没有目标的，那才叫辛苦。你以为每天逛街喝下午茶买名牌包的贵妇都是快乐的吗？除了物质之外，如果人生没有可追求的目标，是不可能快乐的。（父母养育孩子，于是努力赚钱养家，给家人更幸福的生活，也是目标的一种。）

“我坐到书桌前，根本不知道要读什么？怎么办？”这回换你问我。

还记得之前，我说到自己弟弟发愤图强考托福到美国从大学读起的故事吗？刚进美国大学时，他说自己也不知道能从哪里开始用功起。当时他为了替父母省钱，所以房间小到白天必须将床铺收到衣橱里，书桌也是小到捉襟见肘的地步；他接近一米八的个子，每天晚饭过后，他强迫自己只能坐到书桌前，不管自己要读什么、能读什么——先坐到书桌前再说。

他说，坐到书桌前还能做什么呢？无计可施之下，只好打开课本，那就开始抄课本吧。说穿了，这也属于“自己骗自己”的一种方法。我先抄课本，然后我就发觉还可以做笔记，然后我就画重点，然后……在不知不觉中，他就成功地骗了自己：先是习惯坐到书桌前去，最后慢慢养成了用功读书的规律。

还记得我说的那个“谜”吗？多数用功读书的孩子，根本是一种惯性，当你习惯了用功读书后，没有特别的理由，你是不会突然荒废学业的。而且当你尝过了“好成绩带给你的成就感”之后，你是不会随便放弃它的。

所以多数不用功读书的孩子，也是一种惯性，他们不用功读书，不是因为不能，而是因为不习惯。

“走一步算一步”是我的座右铭，现在我想将它送给你。

即使你现在的功课一塌糊涂也不要紧，你可以从最喜欢的一科开始。每天规定自己至少要读完它才可以休息。这有点像是跑马拉松的制胜秘籍：先分解目标，将一整段路分成十个目标点，当你在跑向第一个目标点时，不要想后面的九个。当你跑到第五个目标点时，也不要想“我只跑了一半”。眼睛只要注意下一个目标就好。

每踏出一步，你就会有机会感受到成就一件事的美好。

相信我，天底下没有任何事情是不需要花时间练习的。

只要肯花时间努力，也没有事情是不会进步的。

所以慢慢地，你会看到成绩进步了，此时不需要跟别人比，跟你自己比就行；那种自我突破的感觉，会带给你更多的美好。然后读书的动力，就可以一点一点地累积起来了。

在这个过程中，你如果需要帮忙，先去找爸妈。例如我初中的时候，每天半夜都是我妈妈当闹钟来叫我起床念书的。但我也不能保证每个爸妈都能帮忙孩子，因为有些大人还可能是扼杀孩子信心的元凶。所以你还可以找老师帮忙，例如你懊恼明明花时间用功了怎么成绩还是不好，我相信一定有很多老师愿意帮忙肯上进的孩子。再不然，找同学帮忙也行，相约一起到图书馆看书，有时候有个伴是有激励作用的；只要你别找错人就好，因为朋友跟爸妈一样，有些也属于帮倒忙的类型。最后，请记着：

——你用功读书不是为了任何人，你不用功读书也伤不了任何人。

——努力上进，为的只有一个人，就是你自己。

——别跟自己作对。做学生的，将大好时光白白浪费，就是属于跟自己作对的笨蛋行为。

“我对读书没兴趣。我只喜欢写作。为什么我要花时间在我没兴趣的事情上？”我女儿曾经这样问我。

别担心，林书豪也对读书没兴趣，他最喜欢的事情是打篮球，但是他为什么要花时间去读哈佛呢?

这是林书豪妈妈受访时说的，她传达给孩子的就是，“你喜欢打篮球没问题，但是要先将书读好。将来想以打篮球当职业也没问题，但是你要有一个备份的职业。如果你受伤了不能打，（或许她想说的还有，要是根本打不进 NBA 呢，又有多少人打得进 NBA）你至少还有个很好的退路可以走。”当你的人生有更多的退路可选时，你反而能生出更多放手一搏的勇气来。

“但是林书豪最后还是走了篮球这条路，书不都白读了吗？”不会的。你只要看他说话的气质就知道了，书，永远不会白读的。

如果你已经确认了自己的兴趣所在，例如音乐、美术、运动，甚至是做面包也行，这时候，除了用功读书的时间外，你还得再分出一半的时间去发展兴趣，所以此刻时间都不够用了，哪能每天无所事事，打电动、上网看影片、在外面闲逛混日子呢。这些都不是你内心真正想做的事，它们只是你逃避“对自己负责任”的借口而已。

亲爱的，你是聪明人，一点也不笨，花点时间琢磨一下自己的将来——你现在的所作所为，真的是你想要的样子吗？如果不是，赶紧换一条路，可以的话，选那条将来会更宽广的路来走，你不吃亏的。

你没有身不由己，每一个人的日子，都是自己选择的结果。

最后祝福你——学业猛进、鹏程万里。这种我小时候写在卡片上的祝福语，现在应该没人用了，但它就是我的心里话。

★★★

昨天早上，我偷懒了。我没有直接进图书馆，而是爬回床上看小说，然后又倒头睡回笼觉。睡到中午十二点，当我醒来后，竟然还不想爬起来，整个人在棉被里的感觉糟透了，就像做错事的小孩怕被妈妈骂；我没有一点享受的感觉，只有懊恼。然后我

想起了每天先游泳、后写作，最后愉快地回到家的那一刻。哇，相同的十二点，但两者的感觉真是天差地别。其实我每天也看小说、睡午觉的，只是这天顺序错了。

亲爱的孩子，别将人生的顺序弄错，那可不是第二天醒来再重来就可以的。

如果孩子天生不是读书的料呢?

“如果我的孩子天生不是读书的料呢？”

在回答这个问题前，我想先说说几个故事。

最近我身体出了一点毛病，可能是职业病，打字、用计算机太多，一天平均最少八小时坐在计算机前，背后的肩胛骨出了问题，半夜翻身会痛到从睡梦中醒来惨叫的地步。刚开始自认自己身强力壮会自行痊愈，结果熬一个月，好了，就没理它。但没多久又犯了，我知道只要不打字、不用计算机就会好，但我又无法割舍自己热爱的工作，于是在一次急性发作的当下，我就到医院去看了复健科。我不是想吃药，我只是想知道身体怎么了。

那天到了医院，医生听我说完，一句话也没说，就叫我去照颈椎 X 光片；片子马上洗出来了，然后医生指着片子说，你的颈椎三四五节受压迫，接着就开始开药。到此为止，他说的话没超过三句。为什么颈椎出问题不是脖子痛，而是肩胛骨的位置痛呢？因为神经是牵导下来的，这是我主动问医生后自己得出的结论。“你的手指会不会麻？”这是这位医生问我的第一个问题，也是最后一个，所以我又自己推断：如果压迫得更严重时，我的手指也会开始麻。医生开始开药时，我问：“我不住在台湾，如果下次又发作呢？”他马上一开就是一个月的药量。我又问：“如果吃一两次就好，还要继续吃吗？”他说不用。

天啊！到底谁是医生？如果我不问的话，你就让我吃药吃到饱吗？

“我每天都游泳，有帮助吗？”我又问。

“如果是游蛙式，可能不太好。”他说。到底为什么蛙式不好？如果我不拿枪出来逼他，我看他是不会说的。

“除了吃药，我还可以做些什么呢？”我不怕死地又问。

“来医院做复健，挂一次号，可以免费做六次复健。”

药我只吃了一次，整个人就头昏到好像吸毒了一样。这个药有这么大的副作用，他竟然一个字也没说。

他是医生，就是社会里最高阶的一种职业；他也是属于“会读书”的那群人，而且还是里面最会的那一些。

* * *

每天早上，我都会陪小孩去等校车，校车照例都会在我们十米外的路边停下，司机开了车门、小孩朝校车前进时——每天，我都会看到校车司机转身看着我，弯一下身子跟我打招呼，我当然也回礼如仪。因为我站的位置是西方，所以每天看到校车司机的脸和身影，是完全背光的黑影。一天复一天，他都主动跟我打招呼。一个这么平凡、赚钱又少的工作，我却对他的态度深深折服。他甚至不必理我就好，理我对他一点好处也没，他只是一个被大公司雇用的小司机，却每天谨守本分地维持着一个让人尊敬的工作态度。

当家具公司来家里组装家具时，当空调坏掉工人来修理冷媒时，当马桶不通有人不得不将你家浴室弄得一团糟时……当他们离开时，地板上都是清洁溜溜的——他们的工作都是社会里最不被人们注意的，但每回我送他们出门、弯身点头跟他们说再见时，心里都好想给他们一个大拥抱。

言归正传，“天生不是读书的料”，分很多种，这里只讨论一种：头脑生来就没法读书、不论怎么读就是学不会的这一种。当然有这样的孩子，也不能说他们一定是头脑不好，有人就是弄不懂数字，如果还要加上逻辑概念，更是怎么都学不会；可是，这样的孩子，也可能是很细心的，只要用手做的劳作、工艺，总是得心应手。如果我的孩子就是属于这一种，这时候，考试几分就不是最重要的事，重要的是，父母用什么样的眼光来看待这样的孩子。

你听过帮诚品书店和故宫博物院做装潢的师父的故事吗？他只有初中毕业，他的父母没有看不起他不会读书（他的不会读书属于哪一种，天生还是环境？外人不会知道），反而觉得学得一技之长永远不怕别人抢走。他成功的关键不是他有多厉害、多会做装潢，他自己都说，要比技术，比他厉害的多得是，他之所以可以在一个领域做到让人佩服，凭的就是做人和做事的态度——我将事情做到最好，不是光为了对客人负责，也是对自己负责。

孩子拼了命地用功，进台大、当医生，但是你给孩子的观念就是“赚大钱、有面子、拿得上台面、光宗耀祖”，我们的社会，会出现这么多占着高位，却用不堪入目的态度在做事的人，原因就在此。

技职教育，是为了专长不在读书的孩子设立的。当个技职生，就不需要“用功”吗？很多父母和孩子可能都没弄清楚这件事。

天底下没有一个工作是不需要用功的。学餐饮，会比考升学考试轻松吗？学美发，会比每天晚上苦读课本轻松吗？学修空调、学修汽车，或去学种田、学制茶……社会上的每个行业，如果要对得起自己，没有一件事是轻松的。

但是，人生的意义就是“追求自己有兴趣的事”，这样再苦都是甜的。

反之，“每天浑浑噩噩过日子”，这样再轻松都是苦的。

如果我的孩子天生就不是读书的料，那我不会求他跟别人一样，但是，不管考试成绩或升学前途，至少初中阶段的基本科目要读懂，因为它是人生的基本配备。

父母要先看得起自己的孩子，孩子才会看得起自己。

如果父母眼里只看得到别人的孩子如何如何，就很容易忽略自己孩子的天分和资质。如果姐姐想做美发师，我可以想象她对客人的亲切态度和责任感；如果弟弟是伐木工人，我可以想象他测好位置、量好距离，最后一斧头下去时，大喊一声“timber”的意气风发。父母用什么眼光看孩子，孩子就会变成什么样子。

不过，孩子们，别怕，父母的眼光再强大，也强不过你自己的。

你用什么眼光看你自己，才是决定你未来最重要的关键。

辑三
你问我答

写作业拖拖拉拉

Q 我的小孩现在才小学一年级，他从幼儿园开始就一直很会拖。常常有时间拖到没时间。写作业时，常常边写边休息，因为他真的很不喜欢写作业。然后吃饭也是边吃边休息，不管做什么事都很会拖，作业认真写的话其实不算多，但常常都被他拖到超过晚上十二点。好好地跟他说也没用，用打的方法也没用，方法换来换去都没有用，还是这么会拖时间。问他，他就说因为他不想写所以才要边写边休息。告诉他说：你要赶快写完妈妈才能帮你检查，你也才能赶快改正错误的地方，赶快改正完你就能够赶快休息了。因为我希望他能赶快写完才不会用眼时间过久，对眼睛也很伤，结果他说好，还是一样每天都这么会拖，好好说都没有用，真的超级伤脑筋的。

没有小孩喜欢写作业。问题在，你的小孩为什么没有自制力快点写好。

孩子还小，自制力不够，很正常，所以大人要帮忙。

大人的帮忙不是对孩子碎碎念。当孩子的坏习惯眼看已经要养成了，这时候最重要的事是：请花时间盯住孩子，直到孩子回到正常轨道上。

很多大人喜欢在遇到问题时，到处找答案，然后时间都花在找答案上，却忘了时间应该直接花在孩子身上。

父母可以定下心来，陪孩子写作业。如果功课只需要四十分钟就可以写完，那么就抽出四十分钟来——孩子写作业，我们可以在旁边看书、打毛衣，你做这些事其实只是幌子，因为你的心思要全放在孩子身上——看看孩子都是怎么将功课做完的。会不会孩子平时一遇到问题没人可问，就停下来不知所措了？会不会孩子根本有 ADHD 的多动现象，要不要去看医生呢？还是只要妈妈多陪陪他、愿意听他说说话，他就可以慢慢生出自制力来了呢？

教导孩子，有时候缺的不是方法，而是自己的时间。如果我们都只想说一次道理、打一次孩子、威胁利诱一下，就让孩子改变——便宜无好货，只想便宜行事的大人，是很难看到好结果的。

不想孩子重蹈覆辙

Q 是啊，小时候我都想，我以后有小孩一定不会怎样怎样。但不知道为什么，现在却在这个循环里绕不出去。曾经我也不喜欢补习，现在却要小孩拼功课？或许是因为自己曾经因为功课不好，受到不好的待遇，担心小孩走上同一条路，所以忍不住也逼孩子用功……

要孩子用功读书，并没有不对，还是很对的。只是，父母要“在对的时机，用对的方法”。

孩子还没开始享受童年快乐时光呢，父母就七早八早要小孩用功，甚至还要为将来取得好成绩而努力，这就是时机不对。让孩子在童年阶段好好玩乐，是帮他们的人生奠定强健的基础。因为一个人最后要成功，不可或缺的就是良好的心理素质；没有跑跑跳跳、尽情玩耍的童年，就是将孩子最宝贵的一部分往垃圾桶里丢一样。

初中之前，都是建立小孩良好习惯最重要的时刻，不论是阅读习惯、生活习惯、运动习惯、饮食习惯，这些种种都比成绩单上的分数还重要。可是有多少父母将心力放在了这些事情上呢？

所谓用对方法？面对小学生的功课，只要他们的态度是对的，分数不要太强求。父母想要帮忙功课，就应该将注意力放在培养孩子的阅读习惯上。

我的母亲，目前身边有两个小学阶段的孙子。母亲跟大多数的长辈一样，衷心希望自己的孙儿各个都能读书。当我跟母亲“晓以大义”说明念故事书给小孩听有多好之后，她“大义凛然”地说：

“从今以后，晚上时间，我不开电视、不看电视了。”

哇，一个靠电视为生的老奶奶，竟然可以下这样的决心。“我要开始帮他们念故事书，每天晚上都念。他们本来就很喜欢听，只是我后来没继续。”她之前真的帮小孙子念了好几年，只是后来有事一中断，就没再接回去了。

她真的做到了。已经超过一两年没故事听的小男孩，都已经小二了，奶奶才拿起第一本故事书，他就以迅雷不及掩耳的速度回到了奶奶身边。“你不知道？每天晚上，连那个小六的，也说奶奶等我，等我做好功课再念，我也要听。”透过电话，我可以感受到这个老奶奶，完成了“含饴弄孙的最高境界”。

其实这个工作应该是父母的，但有碍于父母工作压力太大，我只好从跟孙儿一起住的奶奶下手。

“坐而言不如起而行”，与其老是担心，父母还不如亲自下去做些事情。除了柴米油盐三餐外，为孩子储备精神食粮，就是帮他们打好学业基础最简单的方法。

谁的成就

Q 孩子在加州办的象棋比赛拿了第三名，爸爸认为孩子应该拿第一，因此有点不满意。爸爸的想法是：射击时，我会要求孩子瞄准月亮；射不中月亮，那支箭掉下来时，至少会射中老鹰。我不会教他瞄准老鹰，这样射不中老鹰，箭掉下来只能射中麻雀。当然我不可能教他瞄准麻雀啦。人生的可贵在于有梦想，做梦不用钱的，为什么不发大一点的梦呢？

是爸爸参加射箭比赛，还是孩子参加？他要射什么，你要不要先去问问他？你喜欢射月亮，你为什么不自己去射？

目标绝对可以远大。但是也要衡量一下自己有几两重。孩子拿了第三名，如果他自己满意，你有什么好不满意的？

这就是为什么有这么多孩子，原本人生该是美好的，却被这些梦想远大的父母给害惨了。

目标绝对可以远大，但是人生有更多时候，要有所取舍。拿回第三名的孩子，你跟他说什么月亮老鹰麻雀的故事，他下次可能真的就拿第一名回来，但拿第一名又如何。父母对孩子的“永不满足的、永远好还要更好的”心态，还会减损孩子喜欢他自己的程度。不是每个功成名就的人，心里都是喜欢自己的。父母为什么不等孩子自己想拿第一名的时候，再去拿呢?

现代这么多心理文明病，远因会不会就是父母对孩子的期望太大了。当父母“永远不满足孩子的表现”的心态愈变愈大后，常常就在不知不觉间给了孩子不必要的压力。到底孩子是为了他自己而活?还是为了你而活?

得奖牌、好成绩、进名校……统统值得骄傲。有一天如果我的小孩上了台大、哈佛，我一定会为他们感到骄傲的。但是，如果没有呢?没什么大不了。当个活出自己的快乐麻雀，没什么不好。（喂，根据那个比喻，麻雀是拿来射的，不是拿来当的）孩子的成就，是他的，不是你的，别弄混了。

比上不足，比下有余

Q 汪老师，你的小孩回家写作业会拖拖拉拉吗？小一的女儿大致上还算上轨道，早上自己会担心迟到，不会赖床，也会吃完早餐才出门。但是回到家就是会忙着画画或是跟弟弟玩，总是要人家催洗澡和写作业。其实我知道她不敢不去写作业，只是基于希望她早点睡并能有效率地利用时间，所以我还是忍不住想催她，请问您的孩子早睡，您也会一直催促他们吗？

这是我很早就有的人生领悟：安慰人最好的方法，就是说一个更悲惨的故事。安慰父母最好的方法，就是说一个更糟糕的小孩的故事。如果这位妈妈看过之前那个“更会拖拖拉拉的小孩”的故事，就不敢提出这个问题了，对吗？

小学低年级的孩子做功课拖拉，应属正常。你女儿的情况应该在平均值之上了。面对这样的孩子，多鼓励才是上策。“你做功课好认真哪，像你这么认真的小孩要去哪里找啊。”“做好功课来找妈妈，我们一边吃冰激凌一边听故事好吗？”

孩子不是不能催促（天底下很少孩子是不需要父母催促的吧），只是父母不要让自己的“提醒”流于“碎碎念和耳边风”罢了。也就是说，当我们提醒小孩的同时，就请父母高抬贵脚移动到孩子身边，“带领”着孩子去做他们该做的事，例如写作业、洗澡、刷牙、上床睡觉。而不是父母在“远方”催促孩子快点，然后根本不亲自去“监督”孩子开始做了没。

有时候孩子只是需要一个“带领”的人，一旦开始，他们就会自动完成了。

会让孩子做试卷吗？

不会。因为小学教育，是要让孩子的头脑更灵活。愈多的功课、试卷和考试，只会适得其反。但是，关于数学加减乘除的演算，从我的经验来看，学校已经教过的部分，如果孩子一直无法熟练，让他们多做一些练习，也并无大碍。因为数学的学习是渐进式的，当基础不熟练时，会直接影响到后面的学习。

请注意：我是说“当学校已经教过了”，没说让孩子的进度超前喔。看过一些父母，小孩才刚接触数学，就迫不及待地让孩子猛做不属于他们年纪的运算练习。数学要好，不是揠苗助长帮得了孩子的。

如果我说小时候做愈多试卷的，长大后愈难有成就，你相信吗？抱歉，我真的是这么相信的。

让大人更顺眼

Q 女儿小一，写字时，我该帮她擦掉不好看的字吗？我看同事都是这样，结果小孩的字就真的变得比较好看了。

刚上小学，第一件最重要的事，就是帮小孩建立自信心，因为孩子刚到一个新环境，学习和人际上，都需要适应。所以大人若想帮孩子忙，就不要对小事斤斤计较。小孩还在适应阶段，大人就对其指指点点，学校已经有老师要求了，家长就应该放轻松点。

只要小孩写作业的态度是对的，字好不好看，有这么重要吗？而且小孩的字，好看又可以好看到哪里去呢？你硬是要用自己的标准来要求孩子，小孩一边写，父母一边擦，你不觉得这就是摧毁小孩自信心最简单的方法吗？

这样擦擦写写，只是为了让“大人更顺眼”罢了，小孩从中有得到任何好处吗？别人家的小孩怎么样，不关你小孩的事。如果父母不能改掉这个“比较”的习惯，小孩将永无宁日。

甚至看到小孩写错字，我都会先问：“这个字写错了，你要不要改？”小一的弟弟有回真的回我：“不用。老师会改。”于是我就放他走了。之后再问他那个字怎么写，就是对的。

小孩有自己的行事逻辑，有时候会从错误中慢慢修正，父母不要太心急。

安心的方法

Q 女儿现在上一年级，感觉时间比幼儿园多很多。我在学校工作，她写好功课，就和同伴在校内玩。我该不该让她在这个时候去学些东西？还是就让她这样一直玩？但有时觉得她好像太闲、玩太多了。

如果是与运动有关的活动，我不反对参加；如果是所谓的才艺，我觉得能免则免。小学阶段，就是童年最精华的阶段。让孩子有充足的空闲时间，孩子才有机会探索自己。不是将小孩的时间都塞得满满的，才叫长进。

大人觉得小孩太闲，标准是什么？没做些有建树性的事，例如音乐、画画、英文、下棋……就叫太闲吗？对孩子来说，只要有同伴，只怕时间不够玩，怎么可能太闲呢？

当孩子没有伴时，提供音乐让小孩听、提供画图用具让小孩涂鸦，还有，随时让小孩身边有随手可读的故事书……童年是创造力的启蒙阶段，让孩子有足够探索的机会，才叫赢在起跑线。

父母的焦虑我知道，怕小孩都将时间玩光了，将来赢不过别人。很简单，去培养孩子对阅读的兴趣，这也是最重要的一件事。试想：就算我的孩子不是成绩很好的孩子，可是他们喜欢阅读，我一定会感到安心许多的，不是吗？

关心不必做给别人看

Q 我知道不要插手孩子的功课，免得孩子觉得功课是父母的责任。可是，学校老师会不会觉得这个爸爸妈妈都不关心小孩的课业？

关心孩子课业的方式有很多。我们可以在孩子写作业的时候，赞美他好专心；我们可以在孩子拿考卷给你签名时，跟小孩一起讨论错误；我们可以在联络簿签名时，说孩子真有条理……父母的关心，不是表现给别人看的。

父母还可以多跟小孩聊天，不一定要聊学校的事，因为有时候孩子心里想说的话，不是随时都愿意告诉别人的。小孩必须先信任这个人，经过多方观察后，时机到了，他们才愿意开口。可能是今天孩子在学校被老师责备了，或是学校发生了什么好笑的事，父母如果可以知道更多孩子身边的事，就表示你不是一个漠不关心的父母，也表示你不是一个只管成绩的功利父母。

要让老师知道你关心小孩，最直接的方法不是盯功课，有机会时，将你心里对学校或老师的感谢，写在联络簿上。不是要巴结老师，人与人之间，互相表达感谢，就是替别人和自己增加幸福感。老师不是个轻松的工作，有人对你的宝贝好，即使只是说了笑话逗小孩笑，我都觉得值得让老师知道你的感谢。

每个人都需要鼓励，老师也一样。

只要你是关心小孩的，没有老师会不知道的。

成绩突然退步好多

Q 我哥的儿子，都是我妈在养，现在初中，之前他都名列前茅，自动自发念书，这一次考试，竟然四科全都三十几分。掉得太夸张，怕被我妈发现，他将自己的成绩单，影印别人的名字变成自己的成绩，问他为什么，他回答："我喜欢，为什么一定要会念书？"以前是很乖的小孩，如今变化甚大，我想跟他谈谈，却不知道要怎么说我才不会抓狂，而他也听得进……

厉害，竟能预测自己会抓狂。会抓狂的大人，真的还不如不要说。

首先，他既然之前是很乖的孩子，现在就还是。人不会在一夜之间转变。除非，从前他只是在忍耐，而现在，他知道可以不必再忍了。

这种小孩功课突然退步的例子，太多了。大人一发现，就要花加倍的力气关心孩子，不能掉以轻心。不只要关心功课，也要关心孩子的心理需求。既然小孩提出来了，“为什么一定要会念书？”很好，那我们就跟孩子谈谈其中的道理（还好，我已经洋洋洒洒地写了五千字，你不必花脑筋自己想了，直接拿给小孩看吧，然后再讨论也可以）。

你以为孩子不知道要用功读书吗？天底下没有孩子不知道。只是知道是一回事，达成目标又是另一回事。小学功课好，是怎么好的？有没有听过小学靠小聪明，或是靠父母逼得紧，所以功课没问题，但上了初中就每况愈下。会不会是初中功课突然变难许多，孩子无法适应，又没大人可以帮忙？会不会只是荷尔蒙作祟，只是想尝一尝反抗大人的滋味，但一不小心就愈陷愈深，自己也不知道该怎么办？

还知道做手脚掩饰成绩，可见问题不大。这时候苦口婆心劝、加倍关心、嘘寒问暖、不弃不离……“非等到孩子回头，否则绝不放弃”，这就是我唯一的信念。

孩子，我不会逼你读书，但是你告诉我，现在不读书，你有更好的计划吗？好好跟孩子说话，他们不会听不进去的。孩子的心思是雪亮的，谁是关心自己的人，他们不会不知道。你只是小孩的姑姑，在这种不求回报的位置上，常常买孩子喜欢吃的东西送进他的房间，你说，你的话孩子怎么会不听呢？

不过也容我提醒，教养不是三天捕鱼两天晒网的事，持续得多久，常常就是成功的关键。

超前就会产生优越感？

Q 我的女儿读公立幼儿园大班，学校无太多课程，我会帮她复习课本，所以她在功课上始终有优越感。我希望她能继续保持这份优越感，我觉得那就是孩子前进的动力。但最近帮她复习时，却发现她有点心不在焉，会不会是课程对她太容易了？另外我让她提前写小一的试卷，发现她真的都懂也会写；我一直想要让孩子在无压力的情况下超前学习，不知道这想法可行吗？

超前学习，都一定是有压力的。只是这个压力何时会爆发出来，你不知道罢了。另外，请问为什么要让小小的孩子超过别人？不是说超过别人不好，而是，父母需要在这么早的时候就对孩子有这样的期待吗？

幼儿园写小一的试卷，小六写初一的试卷，英检考试明明就是设计给大人的，却有一堆小孩参加考试……父母得认清一个事实：先跑的，最后不一定是赢家。况且这个时代，以后要出人头地，不是光功课好就有用的。童年阶段，最重要的是五育并重。智育，我甚至觉得是五育里最不该花太多时间的地方。如果童年都不给孩子发展五育，请问何时还有机会发展？

让孩子有优越感？这是有风险的一种教育手段。因为你并不清楚，孩子现在的优越感，是天生资质好，还是来自后天父母帮忙。你说得没错，小小孩只要父母稍微“使力一下”，很容易就超过同侪。但是万一，等到初中阶段，父母不能帮忙得靠自己的时候，孩子是不是会发现，自己的“优越感”只是假象而已呢？

父母不需要帮忙给小孩优越感。优越感是比较出来的结果，不健康。让小孩“以自己为荣”，才是更好的方向。

不喜欢书写不代表没有学习兴趣

Q 我家小孩四岁，幼儿园中班，每次叫他写作业，他就脸色一沉，下巴掉到桌面，四肢呈无力状，然后说拿不动笔。我拿着他的小手教笔顺，他就将脸撇过去，平时也不会复习功课，这该怎么办？

哇，多有幽默感的小孩啊。这么小就会演卡通动作来表达心中的抗议，真是有天分的小孩。四岁，是不应该有功课的年纪。就算有，分量也应该是十分钟就可以完成的。如果这么小的功课超过十五分钟，那就是学校的问题。

容我大胆推断，很多后来不会读书或是排斥读书的孩子，很可能都是当初太早开始智育训练的结果。大家要不要参考一些先进国家的幼儿教育，有些都已经明文规定学前教育不准写字、不准做智育的开发课程等等，各个领域的心理学研究也有诸多实验和追踪结果证实：太早对小孩做智育的开发，是不好的。为什么还是有这么多人不晓得这件事呢？

台湾的父母，不，应该说是华人的父母，都太重视书写教育了。不到七岁，根本不应该将教育的注意力放在这些最不需要思考力的开发上。孩子的运笔小肌肉根本还没发展成熟，硬逼着小孩写东西，他们当然会觉得四肢无力啊。所以小小孩对写作业兴趣不大，更别说什么小孩没有上进心……听得我胆战心惊。

这么小的孩子，要复习什么功课啦！你们不怕孩子还弄不清楚东南西北时，人与生俱来的学习兴趣，就被大人活生生地扼杀了吗？我家姐姐弟弟，在小学毕业前，从来没复习过功课，几乎连考试都不怎么准备。所以他们俩的功课在初中前都属于中等。但是我一点也不担心，因为等他们面临升学考试时，一定要自己愿意拼命读书才有用。拼命读书，这是连老天爷都帮不了忙的事。所以小小年纪就期望小孩开始用功读书，是很短视的。那股孩子愿意“拼命努力”的力量来自哪里，才是父母应该花精神和时间关注的地方。

“欣赏孩子的可爱”就是孩子将来愿意努力上进的来源之一。如果是我的孩子用这么有创意的方法来表达他不想写字的抗议，我不能想象，我会用多么赞叹的眼神看着他。我根本会将他整个抱在怀里，然后嘴里说爱死他的可爱了，而且说不停。

讨厌当严格的父母

Q 小孩现在就读公立幼儿园中班，已经开始有作业（每周一次），写注音符号及数字。想请问让孩子轻松开心地愿意主动书写的方法？因为我发现每次作业发回来总是写得很痛苦，要三催四请地才愿意写，有时又因为写不好被我擦掉重写。写到他生气，然后连我们大人的脾气也跟着上来。我们是一对较为严格的父母，希望能有好的方法来教育孩子。

中班不应该有作业，但作业又不是你出的，所以你应该要帮助孩子，没错。该怎么帮忙呢？你应该让他用愉快的心情去面对作业，例如陪着他写，让他有问题时可以马上问你，或是需要你鼓励他专心时，给他打气。但千万不要把孩子好不容易写好的字擦掉，这是你最该避免的事。有些欧洲国家，已经用法律明文规定，小学前不准给小孩回家作业了。幼儿园阶段，是脑力开发的关键时期，结果时间都被大人花在了“练习写”这个最不需要脑力的事情上，你不觉得本末倒置了吗？

写字对小小孩来说，就像你盖金字塔一样，天哪，我好不容易盖好一层，你竟然说有点歪要拆掉，那还不如叫我去死比较快。盖金字塔的工人不需要脑力，设计的工程师才需要。

你说你们是严格的父母。唉，如果你是孩子，让你自己选，你会选慈祥的还是严格的当父母呢？

发呆很好

Q 我家小孩小二，从幼儿园开始，老师就说他是天马行空、喜欢做梦型的孩子。即使我将所有会使他做功课分心的东西都抽离，他还是可以看着墙壁发呆。我会三五分钟提醒他回神一下，但我又不能一直待在他身边。

如果我告诉你，我很喜欢小孩发呆，你会不会觉得我是故意喜欢跟你唱反调？我没有。小孩和老人，是可以尽情发呆的年纪。其实大人也需要发呆。我自己就常常发呆，很多工作上的创意都是在发呆的时候想出来的。村上春树写过一本书《关于跑步，我其实要说的是……》，我的解读是，跑步就是作者尽情发呆的时间，之后他的很多想法和行动，可能都来自这些大量的发呆。

小孩发呆看似是在浪费时间，其实你可以换个角度想，那就是小孩可以有机会认识自己的时间。那年弟弟才小二，有一天放学后他在客厅里玩，玩着玩着就忘了写作业这件事；其实他也没真的在玩什么，就是拿自己的两只手比画来比画去地好像有东西在打架。然后我一看时间晚了，正想转头叫他去做功课，一看到他那无所事事的模样，我的喊叫就突然在空中凝结了。我告诉自己：小孩发呆时，不要轻易打断。

弟弟小五时，有回我发现他的中文课本里画满了玛莉欧电玩的分解图；也就是说，他没机会玩电玩，却将电玩里会出现的机关和陷阱，全都画成了漫画。哇，他画得惟妙惟肖。我不但没说他上课不专心，还一直夸赞他画得真好。唉，小孩不会不知道上课要专心啦，一定是上课无趣到了一个极限，不这样做就度日如年了。偶尔让孩子“出轨”一下，大人可不要太紧张兮兮了才好。

给小孩充分发呆的时间，他们的身心才会更健康。我是这样认为的，不赞同的请多包涵。

在父母重视孩子的功课以前，在担心写作业、不专心、拖拖拉拉等问题之前，请先问自己一个问题：

“我有花同样的担心在孩子的运动习惯、饮食习惯、睡眠习惯上吗？”如果答案是没有，那么请先将这些问题纳入你的“担忧”范围内，这是我要建议父母的第一件事。

看远一点

Q 我家的哥哥是小三生，从开始念书到现在，常常很多事都记不住，到现在拼注音还拼错，声调符号都漏写，很不自律，看得我冷汗直流，我该怎么办？

你和另一半的功课很好吗？家族里的小孩都很会读书吗？即使全家族的孩子都很会读书，也不代表你的孩子就一定要会读书。可能他天生不擅长读书，也可能他只是开窍的时间比较晚。

你直接断言小孩不自律，才看得我冷汗直流呢？他还这么小，错的事又这么微不足道，不可以用这么严厉的字眼形容孩子。你可以想象，他如果了解了不自律的意思，心里会有多伤心哪。

会不会读书，跟努力有关，也跟遗传有关，甚至跟生长的环境有关。当孩子还未定型前，先将注意力放在培养孩子的阅读力上吧，注音拼错、声调漏写这种跟细心有关的东西，可以慢慢来。

我知道，因为这些细节孩子比较顾不到，所以成绩就不好看，或是比不过别人。但是一个人的未来，比的不是这些小节，对不对？孩子还小，粗心是很正常的事，千万不要放大它，不要让孩子在人生的一开始，就失去了最重要的自信心。

另一位妈妈说，孩子到了初中，才发现好像有阅读障碍，光靠眼睛看书，速度很慢，而且读到后面就忘了前面，妈妈带着口述，就可以考得不错。虽然他对课外书有兴趣，但看到厚厚的一本，孩子就退却了。这样的孩子读书很辛苦，也得不到成就感，怎么办？

历史上很多有名的人，小时候都有所谓的阅读障碍。这通常是天生的，勉强不来。但他们靠听来学习，成绩就超乎常人，就像这个孩子。

如果他是我的孩子，我会把好的小说，自己录音成有声书让孩子听。只要放进心里，不管是透过看或听，都是一样的。成就感的来源，不是只有读书一项。多鼓励孩子发掘自己有兴趣的东西，不一定要很会读书或科科都满意，能够发挥自己的兴趣和所长，再加上父母的爱和肯定，人生就会快乐美好了。

跋

四件小事

1. 不是不提

有一天，我在博客上看到一则留言，这下我才知道，原来我没提过这件事。那天可能是我说的议题跟读书有关吧，有位妈妈就发问：“汪老师，你的书里从来没提过‘成绩’这件事，它不重要吗？”

哎呀，成绩怎么会不重要呢？一百分和六十分，让你选一个放进孩子的成绩单上，你会选六十分吗？不是不重要，而是还有比它更重要的事情，我必须先说。

爱孩子的父母，谁不希望帮孩子铺一条更顺畅的人生道路。把书读好，取得好成绩，不能保证什么，但是世界人类的运行规则告诉我们：会读书的，比不会读书的，将来的选择多更多。

铺路，也是有先后顺序的。

我希望孩子成绩好，但我不能操之过急。

当小孩的年龄还需要从玩乐中学习时，我就不能填鸭；

当小孩还需要大量跑跑跳跳的时候，我就不能老将小孩往补习班送。

有些事情看不到短期效果，但却有长远的影响力，例如，多帮小孩念故事书，我就必须先说《喂故事书长大的孩子》。

有些事情有急迫性，例如，人格养成，我就必须先说《管教啊，管教》。有些事情关系一辈子的幸福，例如，亲子关系，我就必须先说《孩子知道你爱他吗》……

我明明知道这本书，一定是我所有书里最畅销的一本，但我却排到第十本才写。因为前面的事情没做好，后面的事做了也是白做；或是说，前面的事情做好后，后面的事就能水到渠成。

用功读书，太重要了；它根本就是小孩的重大责任之一。我家姐姐弟弟用功吗？我不想告诉你，因为他们不是给人比较的对象。但我很肯定的是，他们都是对自己有期许、肯上进的人。

我要求的不多，只期望他们能“当个肯上进的人”，这样就够了。

2. 写封信寄给孩子

我从来没给孩子写过信，或许是我懒惰，或许是我们的沟通管道一向顺畅。我总是一个愿意听孩子说话的妈妈，除非孩子不愿意说，那就不勉强了。

虽然姐姐弟弟在刚进入青少年时，我也遇到了他们不太愿意跟妈妈说话的“困境”，但亲子间的沟通管道不是一天就能建立起来的，所以它也不会毁于一旦；而且我们之间的沟通管道一直是顺畅的，所以困境不再是困境。

如果跟孩子的沟通已经走入了死胡同，也就是说，双方只要一谈起什么正事，就会开始吵架，或是孩子根本不愿意开口，连吵架都懒得理你时，建议你写信给孩子，这或许是另一个沟通管道。

怎么写？很简单，心里想到什么就写什么，写完之后，再将“我多么辛苦、你多么不孝”之类的抱怨、责备、伤心、失望的句子，大笔一挥，全部删除。那些东西，说给心理医生听就好，不必说给孩子听。说了也只有反效果。

你爱他，就从鼓励开始。

每次都只说一件事。从你爱他开始说起，从他们小时候的愉快时光说起，最后再说你想说的道理。这道理，不是批评孩子的话，是放之四海皆准的真理，例如，做学生的，要用功读书；例如，打电动不可以占据休息时间的全部；例如，人生除了玩乐，还要工作，这样才会有真正的快乐。

父母将自己心里的想法，化为文字。即使孩子看了不理会，也没关系，别失望。写信给你，就已表达了父母关爱之情了。我相信，久了，孩子一定会懂的。当一个人感受到你的关心和爱意时，你们之间的沟通管道，才得以打开。

太多父母对孩子表达爱意时，第一个动作是，给钱。别以为孩子是这么好收买的。父母只知道用钱来收买孩子，表示你们的沟通管道早已封闭了。

记住：写给孩子的信，是以“爱”开头，以“鼓励”结尾。每天一封，或是每个月一封，都好，只要父母的爱意不断绝，不论孩子走上哪条路，心里终有一块地方是幸福的。

3. 终于等到你爱玩了

孩子初中之前，我不将注意力放在成绩上。但是，对于他们的学习态度，我是用严格的标准在把关的。是什么样的学习态度呢？跟学校有关的事，是孩子自己的事，不是父母的事——功课有没有写好？老师交代的事情有没有认真看待？对于难看的成绩，自己有没有想要进步？……如果孩子这些事情都做到了，即使孩子放学后只花二十分钟在作业上，其他的时间你要怎么玩（我家没有电玩），我都不反对。因为，玩，也是小孩另一项重大的“责任”。

姐姐弟弟就是这样玩大的，而且成绩都保持在一定的水平。姐姐外向的个性，进入初中后，更是“爱玩”，生活圈也从家庭扩大到朋友，于是我开始“收绳”。我收绳的方法不是逼迫她用功，我“动之以情、晓之以理”，于是她的成绩还在“可控制的范围内”打转。但是，进入初中的弟弟，却没有将朋友纳入自己的生活圈里。放学回家后，还是以家庭为生活空间，放假的日子，也不见跟同学出去……这不是父母梦寐以求的事吗？大把时间，刚好拿来用功读书啊。

我认为用功读书很重要，但是，它不能是唯一的事情。

弟弟的生活圈并没有随年龄而扩大，我不敢多说一句。青少年的孩子，是性情大变期，所以父母少说话多观察，应该是比较聪明的做法。我等啊等，等啊等，等了整整一年，前天是星期四，晚上睡前，弟弟说："我明天放学不回来吃饭，要跟同学出去。"我暗喜。

星期五玩到晚上九点才回家，他又说："明天我还要跟同学出去，我要跟他们一起去溜滑板。我可以买一个给自己吗？"

我差点喜极而泣。看到孩子终于变成一个"爱玩"的人，我比看到他"用功读书"还高兴呢。

爱玩，表示这个人生活有乐趣；用功读书，表示这个孩子肯上进。两者缺一不可。"爱玩"，也是孩子肯上进的动力之一。你有没有发现这件事呢？

4. 没有例外

你心中会不会有一个误解：只有中国的孩子要面对残酷的升学压力，欧美的孩子，日子轻松许多。他们的生活环境，因为地广人稀，再加上制度完善，日子没有亚洲国家这么紧张，是肯定的。但是，你以为欧美国家的孩子，功课好、成绩棒的，都不需要用功读书吗？绝不是。全世界想要进入一流大学的孩子，不论你在哪个国家都一样，每一个都需要用功读书。或许他们不像我们有这么多背的东西，但是，他们努力的程度，绝对不会比我们少。

说到死背，也不要一听到这个词就像遇到洪水猛兽一样，全世界想要进入一流大学的孩子，哪一个不需要死背呢？死背，其实代表了你愿意多花时间在这件事情上面。当人类还没发明比考试制度更好的方法时，你愿意多花时间在功课上面，你的机会就是比别人多。

亲爱的孩子，不要以为全世界只有你最无奈，整天只能用功读书。其实全世界有超过一半以上的孩子，能背书包去上学，就是他们最幸福的事了。这本书的书封照片，就是最好的证明。

* * *

“姐姐，你读书需不需要死背？因为很多学生抱怨死背没用又浪费时间。”我问正在申请美国大学的女儿。她讨厌死用功读书了。

“要。”

“你觉得全世界想上好大学的人，有不需要背东西的吗？”

“没有。”

“真的？”我说。

“例如我明天要考的心理学，不只要先弄懂，也要背起来，因为考试会出一个题目，要你用你学过的心理学理论来佐证，上百个理论……喂，不只要背起来、弄懂，还要会解释，让老师看得懂你在说什么。”她一定突然觉得自己伟大了起来。

“可是你们要背年份吗？例如唐朝在哪一年建立之类的。”我不放弃，希望找出受东方教育的孩子有多可怜的证明。但姐姐“不甘示弱”，说：

“我们一样要背，例如哪个理论或实验是哪一年的事。当然你也可以不说年份，可是如果可以的话，说明就更强而有力。还有这些心理学家的名字更难背，”她马上随手指了课本上的一堆怪名字，“Vygotsky，Martinez，Rosenzwieg”。

“哇。”我决定闭嘴了。

走到世界哪里都一样，想要实现自己，每一个人都是要努力的。

后记

不过，我刚刚一时兴起又问了她，六乘九是多少。她想了两秒钟，说，五十六。

哇。

养孩子，有时候除了“哇”，好像也没别的字可以说了。